KURZE EINFÜHRUNGEN
IN DIE GERMANISTISCHE LINGUISTIK

Band 12

Herausgegeben von
Jörg Meibauer
und
Markus Steinbach

BEATRICE PRIMUS

Semantische Rollen

Universitätsverlag
WINTER
Heidelberg

Bibliografische Information der Deutschen Nationalbibliothek

Die Deutsche Nationalbibliothek verzeichnet diese Publikation
in der Deutschen Nationalbibliografie;
detaillierte bibliografische Daten sind im Internet
über *http://dnb.d-nb.de* abrufbar.

ISBN 978-3-8253-5977-5

© 2012 Universitätsverlag Winter GmbH Heidelberg
Imprimé en Allemagne · Printed in Germany
Druck: Memminger MedienCentrum, 87700 Memmingen

Gedruckt auf umweltfreundlichem, chlorfrei gebleichtem
und alterungsbeständigem Papier

Den Verlag erreichen Sie im Internet unter:
www.winter-verlag.de

www.kegli-online.de

Vorwort

Semantische Rollen wie Agens und Patiens basieren auf universal gültigen, kognitiv grundlegenden Begriffen, die bestimmten Urteilen entsprechen, die Menschen über die Ereignisse in ihrer Umwelt machen können, Urteile darüber, wer es tat, wem es geschah und was sich dabei veränderte. Semantische Rollen bestimmen maßgeblich die Gestalt eines Satzes. Im Deutschen muss beispielsweise bei einem Verb wie *öffnen* das Agens (wer es bewirkt) im Nominativ und das Patiens (was sich verändert) im Akkusativ in dieser Grundabfolge erscheinen: *Heute hat ein Einbrecher den Tresor geöffnet.* Abweichungen von diesem kanonischen Muster werden – wie im Passiv – durch eine besondere Verbkonstruktion angezeigt: *Heute wurde der Tresor von einem Einbrecher geöffnet.*

Semantische Rollen werden in den Grammatiken des Deutschen selten systematisch behandelt. Es existiert bislang auch kein Einführungswerk in diese Thematik. Im Gegensatz dazu gibt es – beginnend mit der wegweisenden Arbeit von Charles Fillmore (1968) – eine Fülle wissenschaftlicher Literatur und eine Vielzahl verschiedener theoretischer Ansätze über semantische Rollen. Dieser Band lässt die wichtigsten neueren Forschungsergebnisse und theoretischen Erkenntnisse über semantische Rollen in eine problemorientierte Einführung einfließen. Er soll insbesondere Studierende linguistischer Fächer, aber auch interessierte Nicht-Linguisten befähigen, dem wissenschaftlichen Diskurs auf diesem Gebiet zu folgen und einschlägige sprachbezogene Probleme zu lösen, wie etwa die Frage nach den rollensemantischen Bedingungen für die Grundabfolge der Satzglieder, für die Kasusselektion oder für die Verwendung des Passivs. Am Ende eines Kapitels oder Unterkapitels findet man Aufgaben, deren Lösungen im Internet unter www.kegli-online.de zugänglich sind.

Für wertvolle Hinweise bei der Fertigstellung dieser Einführung danke ich dem Reihenherausgeberteam Jörg Meibauer, Markus Steinbach und Anna-Christina Boell sowie Patrick Brandt, Martin Evertz, Frank Slotta und den TeilnehmerInnen meiner Vorlesung im Sommersemester 2011, mit denen ich das Manuskript durchgearbeitet habe. Für das Lektorieren danke ich Svenja Diel, Julian Knops und Sven Zenker.

Inhaltsverzeichnis

1 Einführung

Wir beginnen damit, Begrifflichkeiten rund um semantische Rollen zu klären, die verschiedene Dimensionen der Valenz ausmachen (Kap. 1.1). Semantische Rollen bestimmen maßgeblich die Gestalt eines Satzes, so dass wir anschließend syntaktische Relationen und allgemeine Prinzipien, welche die syntaktische Realisierung semantischer Rollen steuern, vorstellen (Kap. 1.2). Die Rollenvergabe eines Verbs ist abhängig von seiner Aktionsart, so dass wir diesen Begriff klären und Verben nach ihrer Aktionsart klassifizieren werden (Kap. 1.3). Bei der Analyse semantischer Rollen kommen wir ohne semantische und pragmatische Grundbegriffe nicht aus (Kap. 1.4). Im vorliegenden Buch werden formal und inhaltlich inakzeptable Beispiele mit * indiziert, nur inhaltlich anomale Beispiele mit #.

1.1 Semantische Rollen im Spektrum der Valenzdimensionen

Ausgangspunkt der Bestimmung von semantischen Rollen ist die Bedeutung von Ausdrücken, die Relationen zwischen Individuen im weitesten Sinne (z. B. Personen, Dinge oder Orte) bezeichnen (*Der Einbrecher öffnet den Tresor*) oder etwas über einzelne Individuen aussagen (*Der Einbrecher schwitzt*). Man spricht im ersten Fall von einer mehrstelligen, im letzten Fall von einer einstelligen Relation. Der relationale Charakter sprachlicher Ausdrücke wird als **Valenz** erfasst. Damit bezeichnet man die Fähigkeit bestimmter Ausdrücke, Vorkommen und Eigenschaften abhängiger Elemente festzulegen. Valenz umfasst folgende vier Dimensionen: **semantische** und **syntaktische Stelligkeit** (auch **Wertigkeit**), formale Formzuweisung, insbesondere **Kasusrektion**, und die semantische **Rollenzuweisung** (vgl. Jacobs 1994, Zifonun 2003, Duden 2009: 390f., Welke 2011). Bei der syntaktischen und semantischen Stelligkeit geht es quantitativ um die Zahl der valenzbestimmten Elemente, wodurch diese als **Argumente** ausgewiesen sind. Bei der Formzuweisung geht es in erster Linie um die Kasusrektion des Valenzträgers. Man sagt auch, ein Verb regiert einen Kasus. So regiert das Verb *unterstützen* den Akkusativ für eine semantische Rolle, die beim Verb *helfen* semantisch sehr ähnlich ist, aber formal als Dativ festgelegt ist: *Peter will*

Bedürftige mit Geld unterstützen, Maria hingegen möchte Bedürftigen mit Sachspenden helfen. Semantisch werden abhängigen Elementen semantische Rollen wie Agens und Patiens zugewiesen.

Den relationalen Charakter semantischer Rollen erkennt man daran, dass es keinen Sinn ergibt, nach der semantischen Rolle eines Elements wie *der Junge* in Isolation zu fragen. Die semantische Rolle dieses Ausdrucks wird von einem Valenzträger wie etwa *lacht* bestimmt. Man sagt auch, das Verb *lacht* weist die semantische Rolle des Agens diesem Argument zu. Man kann solche Relationen aus zwei Perspektiven benennen. Aus der Perspektive des Valenzträgers spricht man von seinem **Valenzrahmen**, seiner semantischen und syntaktischen Stelligkeit, seiner Rollenzuweisung und seiner Kasusrektion. Alternativ spricht man von syntaktischer und semantischer **Argumentstruktur**. Aus der Perspektive des abhängigen Elements spricht man bei einer Leerstelle im Valenzrahmen eines Prädikats von **semantischem Argument** (auch **Partizipant, Mitspieler**) und spezifischer von semantischer Rolle. Im syntaktischen Valenzrahmen festgelegte Elemente sind **syntaktische Argumente** (auch **Ergänzungen**). Im Valenzrahmen nicht festgelegte Elemente sind **Modifikatoren** (auch **Adjunkte, Angaben**). Die folgende Tabelle fasst die hier eingeführten Valenzbegriffe anhand des Beispiels *Der Einbrecher öffnet den Tresor* zusammen. Alternative Bezeichnungen erscheinen in Klammern.

	Der Einbrecher	*öffnet*	*den Tresor*
semantische Stelligkeit: Zahl der semantischen Argumente	1. semantisches Argument (Partizipant, Mitspieler)	semantisch zweistellig	2. semantisches Argument (Partizipant, Mitspieler)
Semantische Rollen	Agens	Rollenzuweisung	Patiens
syntaktische Stelligkeit: Zahl der syntaktischen Argumente	1. syntaktisches Argument (Ergänzung)	syntaktisch zweistellig	2. syntaktisches Argument (Ergänzung)
syntaktische Funktionen	Nominativargument (Subjekt)	Kasusrektion	Akkusativargument (direktes Objekt)

Tabelle 1. Valenzbegriffe

Begriffe wie Agens und Patiens werden in der Forschungsliteratur als semantische Rolle, **thematische Rolle**, **Theta-Rolle** oder **Tiefenkasus** charakterisiert. In diesem Buch sprechen wir von semantischer Rolle, unter Bezug auf die Forschungsliteratur kommt gelegentlich auch ein alternativer Terminus vor.

Im vorliegenden Buch werden wir zunächst semantische Rollen im Umfeld des Agens (Kap. 2), des Patiens (Kap. 3) und des Rezipienten (Kap. 4) behandeln. Danach widmen wir uns semantischen Rollen wie Lokativ, Instrument und Komitativ (Kap. 5). Da Verben eine komplexe Argumentstruktur hinsichtlich Zahl und Art der Valenzstellen aufweisen, beschäftigen wir uns in erster Linie mit Verben. Erst in Kap. 6 untersuchen wir semantische Rollen bei Präpositionen, Adjektiven und Nomen.

1.2 Semantische Rollen und syntaktische Relationen

Wie die semantischen Rollen syntaktisch realisiert werden, wird durch das Zusammenspiel zwischen allgemeinen Prinzipien und den spezifischen Valenzeigenschaften des Valenzträgers bestimmt. Gemäß dem relationalen Charakter semantischer Rollen entsprechen ihnen formal syntaktische Relationen. Diese werden wir im Folgenden näher bestimmen (vgl. Musan 2010a).

Satzglieder, die Valenzstellen füllen, sind syntaktische Argumente. In Grammatikhandbüchern spricht man von Ergänzungen. Syntaktische Argumente sind Elemente, deren semantische Rolle oder Kasus vom Valenzträger festgelegt ist. Ein kasusregiertes Argument kann je nach Kasus als Nominativargument, Akkusativargument usf. weiter klassifiziert werden. Lässt man Prädikativnominative wie *Lehrer* in *Peter ist Lehrer*, deren Rektionsstatus umstritten ist, außen vor, so handelt es sich bei Nominativargumenten um **Subjekte**. **Objekte** weisen einen vom Nominativ verschiedenen regierten Kasus auf. Auch Präpositionen, nicht nur Kasus, können im syntaktischen Valenzrahmen eines Verbs festgelegt und in diesem Sinne regiert sein. Dies gilt für *denken* und *an* in *Oma denkt an ihre Gesundheit*. Bei *an ihre Gesundheit* handelt es sich um ein Präpositionalobjekt.

Semantische Rollen sind nützliche Hilfsmittel, um kniffligere Fälle bei der Bestimmung von Satzgliedern in den Griff zu bekommen. Nicht-regierte Satzglieder wie in (1a, b) sind solche Fälle:

(1)   a.   Max spielt in der Gartenlaube und nicht auf dem Dachboden.
        b.   Opa wohnt in der Gartenlaube und nicht auf dem Dachboden.

Die Wahl der Präposition *in* oder *auf* hängt in (1a, b) nicht vom Verb *spielt* oder *wohnt* ab, sondern von der semantischen Rolle, die die Präposition ihrer Ergänzung zuweist. Wenn man die Ergänzung semantisch als Behälter auffasst, in dem sich das Geschehen abspielt, so wählt man die Präposition *in*. Wenn man die Ergänzung als Fläche konzeptualisiert, so wählt man *auf*. In beiden Fällen liegt also keine vom Verb regierte Präposition vor, womit alle Raumbezeichnungen in (1a, b) **Adverbiale** (auch Adverbialien) sind.

Das Knifflige an Adverbialen ist nun, dass sie hinsichtlich ihrer semantischen Bindung an das Verb entweder valenznotwendig oder valenzfrei sein können. Semantische Rollen helfen uns, diese Unterscheidung zu treffen. Das Verb *wohnen* in (1b) hat die semantische Rolle des Ortes, den Lokativ, in seiner Bedeutung verankert. Es handelt sich also um ein semantisch zweistelliges ortsangebendes Verb. Das Verb *spielen* in (1a) vergibt keine Lokativrolle und ist daher semantisch einstellig. Um das Verb *spielen* zu verstehen, ist die Bezugnahme auf einen Ort nicht zwingend. Dies bedeutet, dass bei *wohnen* ein Raumadverbial semantisch valenzgebunden und mithin Argument ist. Man nennt solche Satzglieder auch (Raum-)Ergänzung oder valenznotwendiges Adverbial. Beim Verb *spielen* ist ein Raumadverbial semantisch valenzfrei und daher ein Modifikator.

Wir fassen das Zusammenspiel zwischen semantischer Rollenvergabe, syntaktischem Argumentstatus und Rektion bei Präpositionalobjekten, valenznotwendigen Adverbialen und valenzfreien Adverbialen in Abbildung 1 zusammen:

Präpositionalobjekt	*Oma achtet* *auf ihre Gesundheit*
	semantische Rollenzuweisung syntaktisches Argument Rektion von *auf*
valenznotwendiges Adverbial (Raumergänzung)	*Opa wohnt* *auf dem Dachboden*
	semantische Rollenzuweisung syntaktisches Argument keine Rektion von *auf*
valenzfreies Adverbial (Raumangabe)	*Max spielt* *auf dem Dachboden*
	keine semantische Rollenzuweisung kein syntaktisches Argument keine Rektion von *auf*

Abb. 1. Präpositionalobjekt, valenznotwendiges und valenzfreies Adverbial

Die Abbildung 2 fasst alle besprochenen syntaktischen Relationen zusammen:

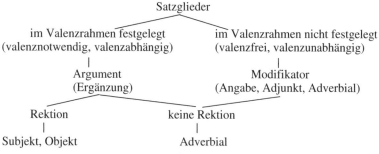

Abb. 2. Syntaktische Relationen im Überblick

In den meisten Fällen stimmt die Zahl der Argumente im semantischen Valenzrahmen mit der Zahl der Argumente im syntaktischen Valenzrahmen eines Verbs überein. Mit anderen Worten stimmen in solchen Fällen syntaktische und semantische Stelligkeit überein. Solche Fälle wurden in Tab. 1 und in Abb. 1-2 illustriert. In mehreren Grammatikmodellen wird diese Übereinstimmung als universal gültiges Prinzip festgelegt und auf semantische Rollen bezogen. In der generativen Grammatik handelt es sich um das **Theta-Kriterium** (mit Theta von Theta-Rolle, vgl. Chomsky 1981, Adger 2003). Wir nennen es das Rollenkriterium:

- Das **Rollenkriterium**: Jeder semantischen Rolle eines Prädikats entspricht genau ein syntaktisches Argument und jedem syntaktischen Argument entspricht genau eine semantische Rolle.

In der üblichen, rollenbezogenen Formulierung ist das Rollenkriterium problematisch. Wenn man Verbbedeutungen und deren Rollenverteilung genauer analysiert, stößt man schon bei Verben wie *verkaufen* auf Probleme (vgl. Jackendoff 1990): *Max verkaufte dem Opa den Roller.* Dieses Verb bezeichnet einen Besitzwechsel. Das Subjekt ist mit dem Agens des Besitzwechsels und dem Besitzer des veräußerten Objekts vor dem Verkaufsereignis assoziiert. Das Dativobjekt lässt sich als Besitzer des veräußerten Objekts nach dem Verkaufsereignis und als vom Agens affizierter Partizipant charakterisieren, der infolge der Tätigkeit des Agens zum Besitzer wird. Jedem dieser syntaktischen Argumente entsprechen mithin mehrere semantische Rollen (**Rollenkumulation**).

Bei **symmetrischen Relationen** besteht das Problem der **Rollendispersion**: Zwei syntaktische Argumente tragen dieselbe semantische Rolle (vgl. Dowty 1991). Wenn z. B. *Die Oma heiratete den Opa* zutrifft, dann trifft notwendigerweise zu, dass in ein und demselben Geschehen die Oma den Opa heiratete und der Opa die Oma (vgl. Kap. 1.4).

Die Probleme mit dem Rollenkriterium entstehen dadurch, dass semantische Rollen zu undifferenziert behandelt werden. Man trifft keine klare Unterscheidung zwischen semantischer Stelligkeit, d. h. dem semantischen Argumentstatus, und dem semantisch-konzeptuellen Inhalt der Argumentstelle, den eigentlichen semantischen Rollen. Wir beheben diesen Missstand, indem wir im Folgenden den semantischen Argumentstatus von der semantisch-konzeptuellen Füllung einer Argumentstelle mit einer oder mehreren semantischen Rollen begrifflich und terminologisch trennen (vgl. Wunderlich 1997, Welke 2011). Vgl. Tabelle 2:

	Max	*verkaufte*	*dem Opa*	*den Roller*
semantische Rollen	• Vorbesitzer des Besitzobjekts • Agens des Besitzwechsels		• affiziert • Nachbesitzer des Besitzobjekts	• Besitzobjekt
semantische Argumente	1. semantisches Argument (1. Partizipant)		2. semantisches Argument (2. Partizipant)	3. semantisches Argument (3. Partizipant)

Tabelle 2. Die Verteilung semantischer Rollen auf semantische Argumente

Die Unterscheidung zwischen semantischer Rolle und semantischem Argument führt uns zu einem angemesseneren Zuordnungsprinzip, das wir in diesem Buch als Argumentkriterium bezeichnen:

- Das **Argumentkriterium**: Jedem semantischen Argument eines Valenzträgers entspricht ein syntaktisches Argument und jedem syntaktischen Argument entspricht ein semantisches Argument.

Das Argumentkriterium stimmt mit unseren Intuitionen über die Verhältnisse beim Verb *verkaufen* überein. Dieses Verb gibt drei semantische Argumente (Partizipanten) vor. Mindestens zwei dieser Partizipanten übernehmen mehr als eine semantische Rolle. Auch bei symmetrischen Relationen sind die Verhältnisse angemessen erfasst. Ein Verb wie *heiraten* vergibt an zwei Partizipanten dieselbe semantische Rolle.

Es gibt allerdings auch Fälle von Nicht-Übereinstimmung zwischen syntaktischer und semantischer Stelligkeit. Ein **Expletivum,** wie *es* und *sich* in (2), ist ein pronominales Satzglied, das semantisch auf nichts verweist und dem daher kein semantisches Argument entspricht. Als Folge davon ist ein expletives (formales) Subjekt oder Objekt nicht austauschbar und nicht erfragbar:

(2) a. Es regnet. *Wer/*Was regnete? *Der Himmel regnete.
    b. Max meint es gut mit Opa. *Was meint Max gut mit Opa? *Max meint diese Sache gut mit Opa.
    c. Er schämt sich. *Wen schämt er? *Er schämt den Opa.

Eine Divergenz zwischen semantischer und syntaktischer Stelligkeit liegt auch bei **impliziten Argumenten** vor. Hier wird ein semantisches Argument syntaktisch nicht realisiert:

(3) a. Opa isst gerade.
    b. Der Einbrecher schlägt kräftig zu.

In (3a, b) wird jeweils ein zweites Argument, etwas, was Opa gerade isst, und etwas, worauf der Einbrecher kräftig zuschlägt, mitverstanden. In Fällen wie (3a) spricht man auch von **fakultativen Ergänzungen**. Interessant an (3b) ist, dass das zweite Argument von *zuschlagen* syntaktisch nicht realisiert werden kann.

Das Argumentkriterium haben wir in den Beispielen (1a, b) zur Unterscheidung von Argument und Modifikator bei *wohnen* vs. *spielen* bereits als Analyseinstrument eingesetzt. Dass *wohnen* im Gegensatz zu *spielen* syntaktisch ein zweites Argument zu sich nimmt, ermittelten wir dadurch, dass dieses Verb ein zweites semantisches Argument mit einer Lokativrolle fordert. Dieses Analysekriterium ist im Gegensatz zu anderen Valenzproben (u. a. Weglassprobe) zuverlässiger und für jedes Verb anwendbar. Allerdings muss man im Auge behalten, dass das Argumentkriterium bei Expletiva und impliziten syntaktischen Argumenten nicht ohne weitere Annahmen gilt (vgl. für einen Lösungsvorschlag Kap. 4.3).

Aufgabe 1. Analysieren Sie den Satz *Der Einbrecher steckte die Juwelen in einen Plastikbeutel*, indem Sie i) die semantischen und syntaktischen Valenzdimensionen von *stecken* bestimmen und ii) jedem Satzglied eine der in Tab. 1 und Abb. 2 angegebenen semantischen und syntaktischen Relationen zuordnen. Begründen Sie dabei Ihre Entscheidungen auf der Grundlage der Ausführungen in Kap. 1.2.

1.3 Semantische Rollen und Aktionsart

Charakteristisch für Verben ist, dass sie Situationen beschreiben, die in der Zeit ablaufen und sich mit der Zeit verändern können.

Man kann Verbbedeutungen danach klassifizieren, wie der temporale Verlauf der Situation, die ein Verb bezeichnet, beschaffen ist. Man sagt auch, Verben haben eine bestimmte **Aktionsart** bzw. **Ereignisstruktur** (vgl. Zifonun et al. 1997: 1859f., Engelberg 2000, Nicolay 2007, Duden 2009: 408f.).

Seit der einflussreichen Arbeit von Zeno Vendler (1957) ist es üblich, Verben nach mindestens vier Aktionsarten zu klassifizieren. Die erste Klasse umfasst Verben, die **statische** Zustände oder Eigenschaften bezeichnen:

(4)   a. Die Oma ähnelt dem Opa.
      b. *Die Oma ist dabei, dem Opa zu ähneln.
      c. Omas altes Haus existiert noch.
      d. *Omas altes Haus ist am Existieren.

Eine statische Situation läuft nicht in der Zeit ab, so dass ein einzelner Zeitpunkt, zu dem sie gilt, bereits ein vollständiges Abbild der betreffenden Situation liefert. Damit hängt zusammen, dass man eine statische Situation nicht in eine Verlaufskonstruktion einbetten kann, vgl. (4b, d). Charakteristisch für statische Verben ist, dass ihre semantischen Rollen weder Handelnde (Agens) noch sich verändernde Partizipanten (Patiens) sind.

Die zweite Klasse umfasst **dynamische** Vorgänge, Tätigkeiten und Handlungen, die in der Zeit ablaufen und keinen bestimmten Zustandswechsel implizieren. Man klassifiziert sie als **atelisch**, d. h. ohne Ziel (von altgr. τέλος ,Ziel'):

(5)   a. Oma arbeitete. Dies fand im Garten statt.
      b. Oma war dabei, zu arbeiten.
      c. Die Rosen blühen zwei Tage lang.
      d. Die Rosen sind am Blühen.

Es gibt **Handlungen**, wie in (5a, b), die dynamische Geschehen mit einem Agens sind. Demgegenüber impliziert *blühen* in (5c, d) kein Agens und wird daher als **Vorgang** klassifiziert. In der Zeit ablaufende (atelische oder telische) Situationen sind **Ereignisse** (vgl. auch Kap. 6.3). Ereignisverben kann man in Verlaufskonstruktionen verwenden (vgl. (5b, d)) und durch allgemeine Ereignisverben wie *stattfinden*, *geschehen* oder *sich ereignen* ersetzen (vgl. (5a)).

Verben der dritten und vierten Klasse sind **telisch**:

(6)   a. Max gab der Oma ein Stück Torte.
      b. Oma aß das Tortenstück in drei Minuten auf.

Telische Verben bezeichnen komplexe Ereignisse, die Teilsituationen wie etwa einen Vor- und einen Nachzustand enthalten. Der Nachzustand kann zeitlich unmittelbar, also punktuell wie bei *ge-*

ben, oder allmählich wie bei *aufessen*, erreicht werden. Den ersten Fall klassifiziert Vendler als *achievement*, den letzteren als *accomplishment*.

Den Unterschied zwischen telischen und atelischen Ereignissen zeigen Zeitspannenangaben vom Typ *in drei Minuten* wie in (6b) und Durativangaben vom Typ *zwei Tage lang* wie in (5c). Zeitspannenangaben sind nur mit telischen Lesarten verträglich, Durativangaben nur mit atelischen. Der Test funktioniert für eine Lesart, bei der sich das Geschehen in der angegeben Zeit abspielt. So ist *Die Rosen blühen in zwei Tagen* zwar akzeptabel, aber nicht in der zu testenden Lesart, sondern in einer Situation, in der die Rosen erst zwei Tage später zu blühen beginnen (vgl. auch Kap. 5.2).

Bei komplexen Ereignissen hat jede Teilsituation ihre eigene Rollenverteilung, wie man am Besitzwechselverb *geben* zeigen kann (vgl. auch Tab. 2 weiter oben): Das Subjekt ist mit dem Besitzer des Gegenstandes vor dem Besitzwechsel assoziiert, d. h. mit dem Besitzer des Vorzustands. Das Dativobjekt realisiert den Besitzer des Gegenstandes nach dem Besitzwechsel, d. h. den Besitzer des Nachzustandes. Letzterer wird als Rezipient (Empfänger) klassifiziert. Die Agensrolle des Subjekts bezieht sich auf das gesamte Ereignis. Wir halten fest: Die Rollenvergabe eines Verbs ist abhängig von seiner Ereignisstruktur und lässt sich nur mit Bezug auf diese angemessen beschreiben. Des Weiteren lassen sich manche Rollen nur mit Bezug auf Aktionsartbegriffe angemessen erklären (vgl. auch Kap. 3.1 und 5.2).

Aufgabe 2. Klassifizieren Sie folgende Sätze nach ihrer Aktionsart und begründen Sie Ihre Entscheidungen auf der Grundlage der in Kap. 1.3 eingeführten Aktionsarten und Analysekriterien: (a) *Oma häkelt im Garten.* (b) *Oma schläft dabei ein.* (c) *Oma ist müde.*

1.4 Grundlegende semantische und pragmatische Begriffe

In diesem Abschnitt werden wir die wichtigsten allgemeinen Bedeutungsbegriffe, die wir für die Beschreibung semantischer Rollen brauchen, einführen (vgl. Löbner 2003). Eine Herausforderung für die Bestimmung semantischer Rollen ist die **Polysemie** (auch **Mehrdeutigkeit**) der meisten Verben. Man spricht in diesem Zusammenhang von den verschiedenen Lesarten eines Wortes.

(7)   a. Max hilft der Oma.
        b. Joggen hilft der Oma.

(8)   a. Opa hat einen Motorroller.
       b. Das Haus hat drei Fenster.

In (7a) vergibt das Verb *helfen* eine Agens- und eine Benefaktiv-Rolle: Max initiiert absichtlich eine Handlung, die der Oma zugute kommt. In (7b) vergibt *helfen* keine Agensrolle, sondern eine Verursacherrolle: Joggen bewirkt eine Veränderung, die der Oma zugute kommt. In (8a) interpretieren wir *haben* als Besitzrelation mit Opa als Besitzer, in (8b) bezeichnet *haben* eine Teil-Ganzes-Relation. Aufgrund eventuell auftretender Mehrdeutigkeiten lassen sich semantische Rollen – wie alle semantischen Gegebenheiten – nur lesartenbezogen analysieren. Vereinfachend werden wir Lesarten nicht immer genau spezifizieren, sondern gehen – falls nicht ausdrücklich anders angegeben – von folgenden Normalvorgaben aus: Wir interpretieren sprachliche Ausdrücke nicht metaphorisch, gehen von einer ernsthaften, rationalen Kommunikation aus, und halten Referenten, Orte und Zeitpunkte konstant.

Bei Polysemie besteht ein weiteres Problem: Die Lesarten und semantischen Rollen sind miteinander verwandt. Bei nicht-verwandten Lesarten spricht man von **Homonymie** wie etwa bei *Opa kostet von der Suppe* vs. *Die Suppe kostet 3 Euro*. Bei Polysemie stellt sich daher die Frage, ob anstelle von Mehrdeutigkeit semantische **Vagheit**, d. h. semantische Unbestimmtheit, vorliegt. Im Falle einer Vagheit liegt allen Verwendungen genau eine Lesart zugrunde (vgl. für *helfen* Engelberg 2005, für *haben* Businger 2011). Für die Lesarten deutscher Verben kann man Valenzwörterbücher konsultieren (z. B. Schumacher et al. 2004, Kubczak 2009).

Bei der Bestimmung semantischer Rollen sind allgemeine semantische Beziehungen, die zwischen Aussagen bestehen, wichtige Hilfsmittel. Eine wichtige Relation ist die semantische **Implikation** (engl. *entailment*), die z. B. jeweils zwischen dem a-Satz und dem b-Satz in (9) und (10) besteht:

(9)   a. Max begrüßt Opa.
      b. Max nimmt Opa wahr.
(10) a. Opa tötete die Fliege.
      b. Die Fliege starb.

Eine Aussage A impliziert semantisch eine Aussage B genau dann, wenn es keine Situation gibt, in welcher A wahr und B falsch ist. D. h., die Wahrheit von A zieht die Wahrheit von B nach sich. Man kann z. B. nicht ernsthaft behaupten, dass es irgendeine Situation gibt, in welcher Max Opa begrüßt, aber ihn nicht wahrnimmt, oder irgendeine Situation, in welcher Opa eine bestimmte Fliege tötete, diese aber nicht starb. Die Umkehrung gilt nicht: Der b-Satz impliziert nicht den a-Satz. Es herrscht mithin eine einseitige (unilaterale) Implikation. Bei der Bestimmung semantischer Rollen werden wir uns, wie in (9) und (10), auf Implikationen stützen, die Verben in affirmativen Aussagen bezüglich ihrer Argumente auslösen. Für (9) z. B. lässt sich allgemeiner sagen: Wenn x in einer beliebigen Situation y begrüßt, dann nimmt x in dieser Situation y auch wahr. (11a) formuliert die Implikation, die x als absichtlich handelndes Agens eines Ermordens ausweist. Im Gegensatz zu einem Ermorden kann ein Töten auch versehentlich passieren, so dass in (11b) keine Absichtlichkeitsimplikation vorliegt.

(11) a. Absichtlichkeitsimplikation: Wenn x in einer beliebigen Situation y ermordet, dann führt x in dieser Situation die Ermordung von y absichtlich herbei.
   b. Keine Absichtlichkeitsimplikation: Wenn x in einer beliebigen Situation y tötet, dann ist es nicht zwingend der Fall, dass x in dieser Situation die Tötung von y absichtlich herbeiführt.

Eine implikationsähnliche Relation gilt für affirmative Sätze ebenso wie für ihre negierten oder Frage-Varianten. Man nennt sie **Präsupposition**. In (12) und (13) präsupponieren die Sätze in (a) bis (c) jeweils die Aussage in (d):

(12) a. Max dankte dem Opa für das Geschenk.
   b. Max dankte dem Opa für das Geschenk nicht.
   c. Dankte Max dem Opa für das Geschenk?
   d. Der Opa schenkte Max etwas.
(13) a. Max verkaufte dem Opa den Roller.
   b. Max verkaufte dem Opa den Roller nicht.
   c. Verkaufte Max dem Opa den Roller?
   d. Max besaß den Roller.

Es gibt eine ganze Gruppe von Verben, darunter *danken, applaudieren, antworten, helfen*, die eine Reaktion des ersten Partizipanten auf eine präsupponierte Tätigkeit des zweiten Partizipanten bezeichnen. Man dankt jemandem als Reaktion dafür, dass dieser etwas getan hat. Auf diese Tätigkeit weist in (12a) – (12c) der Modifikator *für das Geschenk* hin. Bei Besitzwechselverben wie in (13) ist die Vorbesitz-Relation präsupponiert: (13a) – (13c) setzen voraus, dass Max den Roller vor dem Verkaufsereignis besaß. Die Nachbesitz-Relation – dass Opa den Roller danach besitzt – wird nur von (13a) impliziert. Die Nachbesitz-Relation ist somit impliziert, aber nicht präsupponiert.

Eine weitere semantische Relation ist die **Bedeutungsgleichheit** (auch **Synonymie,** semantische **Äquivalenz)**, die jeweils zwischen der a-Aussage und der b-Aussage in (14) – (17) besteht.

(14) a. Der Opa telefoniert mit der Oma.
     b. Die Oma telefoniert mit dem Opa.
(15) a. Der Opa ähnelt der Oma.
     b. Die Oma ähnelt dem Opa.
(16) a. Max ist größer als der Opa.
     b. Der Opa ist kleiner als Max.
(17) a. Die Oma begrüßt den Postboten.
     b. Der Postbote wird von der Oma begrüßt.

Synonyme Satzpaare haben in jeder Situation denselben Wahrheitswert: Sie sind beide gleichzeitig wahr oder beide gleichzeitig falsch. So kann man nicht ernsthaft behaupten, dass in ein und derselben Situation Oma mit Opa telefoniert, aber Oma mit Opa nicht telefoniert. Auch kann man nicht ernsthaft behaupten, dass in ein und derselben Situation Oma den Postboten begrüßt, aber der Postbote von Oma nicht begrüßt wird. Synonymie kann als wechselseitige Implikation verstanden werden: Der a-Satz impliziert jeweils den b-Satz, und der b-Satz impliziert jeweils den a-Satz. Die Bedeutungsgleichheit kommt in den obigen Fällen unterschiedlich zustande. In (14) und (15) rührt sie daher, dass symmetrische Relationen vorliegen. Eine zweistellige Relation R ist symmetrisch, wenn gilt, dass $R(x, y)$ und $R(y, x)$ semantisch äquivalent sind. Wie weiter oben erwähnt (Kap. 1.2), vergeben symmetrische Prädikate dieselbe semantische Rolle an ihre Argumente. In (16) haben wir **konverse** Prädikate. In (17) stehen Aktivform und Passivform eines Prädikats in einer grammatisch konversen Relation zueinander. Zwei Relationen P und Q sind konvers genau dann, wenn für mindestens zwei Argumentstellen x, y gilt: $P(x, y)$ und $Q(y, x)$ sind semantisch äquivalent.

Eine weitere Relation ist die **Inkompatibilität** (auch semantische **Unverträglichkeit**). Auf Wortbedeutungen bezogen spricht man von **Antonymen**. Vgl. folgende Beispiele:

(18) a. Der Baum wächst.
     b. Der Baum schrumpft.
(19) a. Max ist ledig.
     b. Max ist verheiratet.

Die Aussagen in a. und b. verhalten sich zunächst gleich: In keiner Situation können beide wahr sein. Bei **konträren** Aussagen wie in (18) können beide falsch sein, nämlich dann, wenn der Baum sich nicht verändert. **Kontradiktorische** Aussagen wie in (19) haben notwendigerweise verschiedene Wahrheitswerte (Wahrheitswert-Komplementarität), d. h., die Aussagen können in keiner Situation beide wahr oder beide falsch sein. Wenn zwei Aussagen mindestens in einer Situation zugleich wahr sein können, sind sie semantisch **kompatibel** (miteinander verträglich).

Gegen das bisherige Vorgehen kann man einwenden, dass es nur Wahrheitsbedingungen berücksichtigt und die tatsächliche Verwendung sprachlicher Ausdrücke nicht angemessen erfasst. Dies liegt daran, dass wir **pragmatische** Gegebenheiten, die mit der kommunikativen Funktion sprachlicher Ausdrücke zusammenhängen, bislang außen vor gelassen haben. Pragmatische **Implikaturen** spielen bei der Verwendung sprachlicher Ausdrücke eine wichtige Rolle (vgl. Meibauer 2001, Welke 2011). Im Gegensatz zur Implikation ist eine Implikatur nicht zwingend, sondern hängt vom Verwendungszusammenhang (dem Kontext), in dem der Satz geäußert wird, ab. Daher sind Implikaturen im Gegensatz zu Implikationen nicht zwingend, sondern annullierbar. Beim Verb *ermorden* z. B. ist Absichtlichkeit notwendigerweise gegeben, nicht annullierbar und somit semantisch impliziert. Der Versuch, Absichtlichkeit durch die Angabe *unabsichtlich* zu annullieren, scheitert: #*Der Terrorist ermordete den Präsidenten unabsichtlich.* Bei den Verben *töten* und *helfen* z. B. neigen wir bei belebten Verursachern dazu, Absichtlichkeit anzunehmen: *Max half der Oma. Opa tötete die Fliege* (vgl. (7a) und (10a)). Es handelt sich allerdings um eine annullierbare, kontextabhängige **Absichtlichkeitsimplikatur** (vgl. VanValin/Lapolla 1997, Engelberg 2005): *Der Polizist half mit seiner Bemerkung der Oma unfreiwillig, einiges zu verschweigen. Opa tötete die Fliege aus Versehen.* Absichtlichkeitsimplikaturen kommen häufig zum Tragen, weil wir in einer effizienten, rationalen Kommunikation der Konversationsmaxime der Informativität folgen:

- **Informativitätsmaxime**: Wähle die spezifischste (semantisch merkmalreichste) Lesart, die mit der gegebenen Situation verträglich ist.

Aufgrund dieser Maxime neigen wir dazu, den sachlichen Gehalt eines kommunikativen Beitrags anzureichern, solange die Zusatzinformation mit dem normalen Ablauf der Ereignisse und der gegebenen Situation verträglich ist.

In bestimmten Fällen verändert man im Zuge der pragmatischen Anreicherung die semantische Kategorie des betreffenden Elements. In solchen Fällen spricht man von **Koerzion** (Pustejovsky 1995, Willems/Coene 2003):

(20) a. Der Opa beginnt, den Roman zu lesen.
       b. Der Opa beginnt den Roman.

Das Verb *beginnen* bezieht sich – wie in (20a) gezeigt – auf Ereignisse. Deshalb wird *den Roman* in (20b) nicht als bestimmte Entität, sondern als ein verkürzter Verweis auf ein Ereignis interpretiert. Naheliegend ist bei *den Roman* die Interpretation als Lesen des Romans. Diese Implikatur ist wie jede andere situationsabhängig: Wenn der Opa ein produktiver Schriftsteller ist, legt (20b) eher ein Schreiben des Romans nahe. Wir halten fest: Der wahrheitskonditionale semantische Gehalt einer Aussage kann situationsabhängig angereichert und semantische Kategorien können gegebenenfalls geändert werden. Wir fassen diese Phänomene als **pragmatische Uminterpretation** zusammen. Bei rollensemantischen Analysen muss man daher diese Möglichkeit stets im Auge behalten und notwendige, in jeder Situation vorliegende, wahrheitswertbestimmende Bedeutungsbestandteile von fakultativen, situationsabhängigen und wahrheitswertneutralen Inhalten trennen.

Neben den oben besprochenen Aspekten müssen wir auch pragmatische Funktionen berücksichtigen (vgl. Musan 2010b). Die syntaktische Realisierung eines Sachverhalts hängt auch davon ab, was für den Sprecher und Hörer einer Äußerung im Zentrum der Aufmerksamkeit oder des Interesses steht. Wir erinnern uns an die Beispielpaare in (14) – (17), die im Hinblick auf ihre Wahrheitsbedingungen äquivalent sind. Damit ist nicht gesagt, dass sie in jeder Hinsicht bedeutungsgleich sind. Die Satzpaare haben jeweils unterschiedliche Optionen, in **Topik** und **Kommentar** gegliedert zu werden. Das Topik einer Äußerung ist das, worüber der Sprecher gerade spricht. Der Gegenbegriff des Kommentars bezieht sich auf das, was über das Topik ausgesagt wird. Wir illustrieren diese pragmatischen Funktionen anhand des Beispielpaars (14a, b), das wir in (21) in den Kontext einer Frage vom Typ ‚was ist mit x' gestellt haben. Dieses Fragemuster legt x als Topik der Antwortäußerung fest.

(21) Was ist mit dem Opa?
    a. Der Opa telefoniert mit der Oma.
    b. #Die Oma telefoniert mit dem Opa.

Mithilfe dieser Frageprobe lässt sich ermitteln, dass in allen Satzpaaren in (14) – (17) das Subjekt als Topik bevorzugt wird. Der Versuch, ein Nicht-Subjekt als Topik und den Sachverhalt aus der Perspektive eines Nicht-Subjekts darzustellen, wie in (21b), führt zu einem pragmatisch unangemesseneren Kommunikationsbeitrag. Die Wahrheitsbedingungen sind davon nicht betroffen.

Verwandt mit der Topik-Kommentar-Gliederung ist der Begriff der **Perspektive** (vgl. Fillmore 1977, Ickler 1990, Zifonun et al.

1997: 1298f., Welke 2005: 107f. sowie unter der Bezeichnung *Emphase* Kunze 1991). In (21a) wird z. B. der Sachverhalt aus der Perspektive des Subjektpartizipanten dargestellt. Zur Perspektivierung von Sachverhalten trägt nicht nur die Topik-Kommentar-, sondern auch die **Figur-Grund**-Unterscheidung bei (vgl. Talmy 2001). Vgl. die Sätze in (22):

(22) a. Das Fahrrad befand sich am Haus.
     b. #Das Haus befand sich am Fahrrad.
(23) a. Das Haus hatte drei Fenster.
     b. #Drei Fenster waren am Haus.

Unter normalen Umständen sind (22b) und (23b) inhaltlich anomal. Dies liegt daran, dass ein Fahrrad oder Fenster kleiner ist als ein Haus, so dass ersteres als Figur und letzteres als Grund wahrgenommen wird. In Raumrelationen wird die Figur, wie in (22a), in der Regel als Kasusargument und der Grund als Lokalangabe versprachlicht (vgl. auch Kap. 5.2). Bei einer Teil-Ganzes-Relation wie in (23) ist es anders: Der Grund wird als Subjekt bevorzugt, wie in der Konstruktion mit dem Verb *haben* in (23a).

Aufgabe 3. Welche wahrheitswertbestimmenden Bedeutungsrelationen bestehen zwischen den einzelnen Sätzen in (a) – (c)? Welche Argumente fungieren als Topik? Begründen Sie Ihre Entscheidungen anhand der Begriffsbestimmungen und Analysekriterien in Kap. 1.4.
(a) *Der Polizist verhörte Max. Der Polizist nahm Max wahr.*
(b) *Polen grenzt an Deutschland. Deutschland grenzt an Polen.*
(c) *Der Tisch ist niedriger als der Hocker. Der Hocker ist höher als der Tisch.*

1.5 Zusammenfassung

Wir haben in diesem Kapitel Begriffe im Umfeld der semantischen Rollen eingeführt und sie auf diese Weise in einen größeren Zusammenhang gestellt.

- Semantische Rollen sind eine Dimension von Valenz. Bei den Valenzdimensionen unterscheiden wir inhaltlich zwischen dem semantischen Argumentstatus und der semantischen Rolle eines valenzdeterminierten Elements. Formal trennen wir den syntaktischen Argumentstatus vom Rektionsstatus eines abhängigen Elements.

- Diese Valenzdimensionen hängen bei einem Valenzträger wie folgt zusammen: Seine syntaktischen Argumente stehen – außer bei Expletiva und impliziten Argumenten – in einer 1-zu-

15

1-Entsprechung zu seinen semantischen Argumenten (Argumentkriterium).

- Die Rollenvergabe eines Verbs ist abhängig von seiner Aktionsart.
- Eine Herausforderung bei der Bestimmung semantischer Rollen ist die Polysemie oder semantische Vagheit vieler Verben.
- Wichtige Hilfsbegriffe bei der Analyse semantischer Rollen sind allgemeine semantische Relationen wie Implikation, Äquivalenz und Inkompatibilität.
- Bedeutungsbegriffe sind mehrdimensional. Zu Bedeutungsaspekten, die zu den Wahrheitsbedingungen von Aussagen beitragen, treten weitere Dimensionen hinzu. Bei der Analyse semantischer Rollen muss man die Möglichkeit einer Implikatur oder einer Koerzion im Auge behalten. Bei der syntaktischen Realisation einer semantischen Rolle muss man die Topik-Kommentar-Gliederung und die Figur-Grund-Relation mitberücksichtigen.

Grundbegriffe: Valenz, Stelligkeit, syntaktische Relation, Argument (auch Ergänzung), Modifikator (auch Angabe), Kasusrektion, Adverbial, Aktionsart (auch Ereignisstruktur), Polysemie, Vagheit, Implikation, semantische Äquivalenz, Inkompatibilität, Implikatur, Topik-Kommentar, Figur-Grund

Weiterführende Literatur: Duden (2009: 390f.), Musan (2010b), Welke (2011).

2 Agens und verwandte Rollen

Auf eine begriffliche Klärung der Agensrolle in Standardfällen (Kap. 2.1) folgen Überlegungen über die syntaktische Realisierung dieser Rolle (Kap. 2.2). Die weiteren Betrachtungen führen uns zu einem mehrdimensionalen Agensbegriff (Proto-Agens, Kap. 2.3) und zur rollensemantischen Beschränkung für das unpersönliche Passiv (Kap. 2.4).

2.1 Standardfälle

Traditionellerweise charakterisiert man das Agens als den typischerweise belebten Partizipanten, welcher die vom verbalen Prädikat bezeichnete Situation absichtlich herbeiführt. Die grundlegenden Begriffe, die ein Agens charakterisieren, sind mithin **Verursachung** (auch **Kausalität**) sowie Begriffe im Umfeld von **Handlungskontrolle** (auch **Absichtlichkeit, Intentionalität, Volitionalität**, d. h. des freien Willens zu handeln). Situationen, die von einem Agens initiiert werden, sind Handlungen (vgl. Kap. 1.3). Die übliche Bezeichnung dieser Rolle stammt vom Lateinischen *agens* ‚handelnd‘.

Eine Komponente des traditionellen Agensbegriffs ist die Verursachung (vgl. Jackendoff 1990, 1993, Sperber et al. 1995, Talmy 2001, Kap. 7-8 und Kutscher 2009, Kap. 2.1). Der Partizipant in der Agensrolle ist der Urheber der vom Prädikat bezeichneten Situation, d. h., er führt diese Situation herbei. Die Urheberrelation gehört zur Familie der Kausalrelationen, zu denen auch die Finalrelation (*Der Einbrecher öffnete den Tresor, um Diamanten zu entwenden*) und die Begründungsrelation gehören (*Der Einbrecher entwendete Diamanten, weil er Geld brauchte*). Uns interessiert nur der agensbezogene Kausalbegriff. Einer allgemein akzeptierten Definition zufolge handelt es sich bei der Kausalrelation um ein kontrafaktisches Konditional: Hätte sich ein Partizipant nicht auf eine bestimmte Weise verhalten, so hätte es die vom Prädikat bezeichnete Situation nicht gegeben.

Ohne weitere Vorkehrungen könnte in unserem Beispiel *Der Einbrecher öffnete den Tresor* nicht nur der Einbrecher, sondern auch der Tresor Ereignisverursacher sein: Hätte sich der Tresor nicht geöffnet, so hätte es die vom Prädikat bezeichnete Situation nicht gegeben. Was den Einbrecher vom Tresor unterscheidet, ist, dass das Verhalten des Einbrechers das Öffnungsereignis initiiert, während das Verhalten des Tresors auf das Verhalten des Einbrechers folgt. Man sagt auch, dass der Einbrecher **Initiator** des Ereignisses (auch Instigator) ist. Dies gilt nicht für den Tresor: Im besprochenen Öffnungsereignis ist der Tresor nicht Initiator des Ereignisses.

Hinsichtlich der Kausalität muss man zwischen der Verursachung des Geschehens durch das Agens und der Verursachung einer Zustandsveränderung bei einem anderen Partizipanten differenzieren (vgl. Levin/Rappaport Hovav 2005: 11f.) unter der Bezeichnung *internally* vs. *externally caused events*). Ersteres liegt bei jedem Agens vor, auch bei semantisch einstelligen Verben wie *arbeiten* und *schreien*. Letzteres charakterisiert nur das Agens zweistelliger **kausativer Verben** wie *öffnen* und *zerbrechen*. In der Forschung wird oft nur die Kausativrelation für die Agensdefinition herangezogen.

Die Agenskomponente der Handlungskontrolle ist neueren Erkenntnissen folgend mehrdimensional. So umfasst der Intentionalitätsbegriff von Tomasello et al. (2005: 676f.) drei zentrale Dimensionen:

i) ein Ziel, d. h. die (ggf. mentale) Repräsentation eines Zustands oder einer Situation, die zustande kommen soll. Auch die Herbeiführung des vom Prädikat bezeichneten Ereignisses oder dessen Unterlassung gilt als Ziel.

ii) die Fähigkeit zu agieren, um dieses Ziel zu erreichen (ggf. auch einen Handlungsplan zu entwickeln und Mittel zu wählen, dieses Ziel zu erreichen).

iii) die perzeptuelle Kontrolle. Damit kontrolliert der Partizipant unter anderem, ob das Handlungsziel erreicht wurde oder nicht. Im ersten Fall wird die Aktivität unterbunden, im letzten Fall fortgeführt.

Der freie Wille und die bewusste Entscheidung zu handeln, wozu nur höhere Lebewesen fähig sind, spielen in der neueren kognitionswissenschaftlichen und Künstliche-Intelligenz-Forschung eine untergeordnete Rolle (vgl. Libet 2004, Lämmel/Cleve 2008, Morsella 2008). Wie wir in Kap. 2.4 sehen werden, können auch Automaten, die über kein Bewusstsein und keinen freien Willen verfügen, handeln.

Die folgenden Tests zeigen, dass die oben genannten Agenskriterien für verschiedene sprachliche Konstruktionen eine Rolle spielen. Verben, die ein Agens implizieren, bezeichnen Handlungen. Daher lassen sie sich wie in (1a, b) mithilfe eines allgemeinen Handlungsverbs wie *tun* oder *unterlassen* umschreiben. Dies unterscheidet sie von den Zuständen in (2a, b), die nicht absichtlich herbeigeführt werden können:

(1) a. Was der Einbrecher unterließ, war die Alarmanlage auszuschalten.
     b. Was der Einbrecher tat, war den Tresor zu öffnen und die Diamanten zu betrachten.
(2) a. #Was der Einbrecher unterließ, war den Zahlencode zu kennen.
     b. #Was der Einbrecher tat, war die Diamanten zu sehen.

Ein anderes Verfahren testet das Vorhandensein eines Merkmals im Umfeld der Handlungskontrolle durch Angaben wie *absichtlich, freiwillig, sorgfältig* oder *geduldig*. Vgl. die Handlungen in (3a) im Gegensatz zu den Zuständen in (3b):

(3) a. Der Einbrecher schaltete die Alarmanlage absichtlich sehr spät aus,
     öffnete sorgfältig den Tresor und betrachtete geduldig die Diamanten.
    b. #Der Einbrecher kannte absichtlich den Zahlencode und sah geduldig
     die Diamanten.

Mithilfe der gegensätzlichen Angaben *unabsichtlich* und *unfreiwillig* lässt sich ermitteln, dass sehr viele Verben hinsichtlich der Absichtlichkeit ihres ersten Partizipanten vage sind (vgl. Kap. 1.4). So kann man nicht nur absichtlich, sondern auch versehentlich eine Alarmanlage ausschalten, eine Vase zerbrechen oder eine Fliege töten. Welche Lesart bevorzugt wird, hängt nicht von der Verbbedeutung, sondern von den Umständen ab. Wir gehen in diesem Fall, wie in Kap. 1.4 beschrieben, von einer Absichtlichkeitsimplikatur und einem **kontrollfähigen Agens** aus. Ein notwendigerweise kontrollierendes Agens liegt hingegen bei *ermorden* und *betrachten* vor.

Ein weiterer Test verwendet das Verb *versuchen*, das sich nur auf Tätigkeiten beziehen kann, die der Kontrolle eines bewusst Handelnden unterliegen:

(4) a. Der Einbrecher versuchte, den Tresor zu öffnen und die Diamanten
     zu betrachten.
    b. #Der Einbrecher versuchte, den Zahlencode zu kennen und die Diamanten zu sehen.

Wir weisen auf das in Kap. 1.4 als pragmatische Uminterpretation bezeichnete Phänomen hin. Einige der als semantisch anomal gekennzeichneten Sätze kann man bei einer entsprechenden pragmatischen Uminterpretation ihrer Lesart verwenden. So kann man versuchen, etwas zu sehen (vgl. (4b)), indem man etwas unternimmt, um dies zu erreichen. In diesem Fall wird die Aktionsart des Satzes modifiziert, indem eine das Sehen ermöglichende Handlung hineininterpretiert wird. Ohne diese Uminterpretation bliebe der zweite Teilsatz in (4b) semantisch unangemessen. Bei der Anwendung der hier besprochenen Testverfahren müssen wir auf Uminterpretationen verzichten.

Wenn man eine Aufforderung erhält, so setzt dies voraus, dass man fähig ist, die betroffene Handlung selbständig in Gang zu setzen und deren Zustandekommen und Ergebnis zu kontrollieren. Daher sind Aufforderungssätze ein Indikator für das Vorliegen eines agentivischen Prädikats. Vgl. (5a) mit (5b):

(5) a. Öffnen Sie bitte den Tresor und betrachten Sie die wunderschönen
     Diamanten!
    b. #Kennen Sie bitte den Zahlencode! #Sehen Sie bitte die wunderschönen Diamanten!

Mit Finalangaben gibt man den Zweck einer Handlung an, weswegen sie sich gut als Agenstest eignen. Vgl. (6a) mit (6b):

(6)   a.   Der Einbrecher betrachtete die Diamanten, um sich von ihrem hohen Wert zu überzeugen.
       b.   #Der Einbrecher sah die Diamanten, um sich von ihrem hohen Wert zu vergewissern.

Auch hier weisen wir auf die Möglichkeit der pragmatischen Uminterpretation hin. Vgl. den folgenden Beleg (7) bei Lyngfelt/Solstad (2006: 14):

(7)   Dieses Auto hat den niedrigsten Luftwiderstandsbeiwert in seiner Klasse. Windschutzscheibe und Rückfenster sind stark geneigt. Das Heck hingegen ist hoch, um die Aerodynamik weiter zu verstärken.

Die Verwendung der Finalangabe setzt voraus, dass die Höhe des Hecks absichtlich herbeigeführt wurde. Es liegt mithin eine Absichtlichkeitsimplikatur vor, welche die Finalangabe motiviert.

Die obigen Tests zeigen, dass sich Verbbedeutungen im Hinblick auf das Vorliegen eines Agens nur geringfügig unterscheiden können. So ist das Wahrnehmungsverb *sehen* in seiner Standardlesart nicht-agentivisch. Im Gegensatz dazu haben die ansonsten bedeutungsähnlichen Wahrnehmungsverben *betrachten, hinsehen, wegsehen, anschauen* und *herschauen* eine Agensrolle.

Aufgabe 4. Ermitteln Sie mithilfe der oben eingeführten Tests, ob die folgenden Verben ein kontrollierendes, kontrollfähiges oder kein Agens (gemäß der Standardauffassung) selegieren: *verhören, hören, zuhören.* Beachten Sie dabei, dass Verben polysem sein können und Sie lesartenbezogen argumentieren müssen.

2.2   Syntaktische Realisation

Die syntaktische Realisation eines kontrollfähigen Agens unterliegt recht strikten Gesetzmäßigkeiten. Was die Kasusrektion betrifft, so gilt für die grundlegende, aktive Form eines Satzes in Nominativsprachen wie dem Deutschen oder Englischen das folgende Agens-Subjekt-Prinzip (vgl. Kap. 3.3 zur Unterscheidung zwischen Nominativ- und Ergativsprachen):

- **Agens-Subjekt-Prinzip** für Nominativsprachen: Wenn ein kontrollfähiges Agens der vom Prädikat bezeichneten Situation vorliegt, so wird dieses im Aktivsatz als Nominativsubjekt realisiert.

Diese Formulierung ist äquivalent mit folgender:

- Wenn ein Argument im Aktivsatz kein Nominativsubjekt ist, so ist es kein kontrollfähiges Agens der vom Prädikat bezeichneten Situation.

Aufschlussreich für das Agens-Subjekt-Prinzip sind Kasusalternationen wie die folgenden (vgl. für das Deutsche Wegener 1985, sprachvergleichend Kittilä 2005):

(8) a. Heute zerbrach der Opa den Pokal absichtlich/unabsichtlich.
     b. Heute zerbrach dem Opa der Pokal [#]absichtlich/unabsichtlich.
(9) a. Heute hungert der Opa, um abzunehmen.
     b. [#]Heute hungert den Opa, um abzunehmen.

Während in den a-Sätzen die Realisierung als Nominativargument Handlungskontrolle von Seiten des betreffenden Partizipanten nicht ausschließt und in manchen Situationen nahelegt, schließt die nichtnominativische Realisation der ähnlichen Rolle in den b-Sätzen ein absichtliches Handeln aus.

Um ein Patiens in Subjektfunktion zu verwenden, muss man eine **Passivkonstruktion** mit einer komplexeren Verbform wählen, im Deutschen *werden* + Perfektpartizip:

(10) Der Tresor wurde von einem Einbrecher geöffnet.

Die agensähnliche Rolle der Aktivkonstruktion kann im Passiv nicht als Subjekt realisiert werden, weswegen man von **Agensunterdrückung** spricht.

Das Agens-Subjekt-Prinzip ist eine Implikation, die einem kontrollfähigen Agens die Subjektfunktion zuordnet. Die Umkehrung gilt nicht: Der Subjektfunktion kann man keine bestimmte semantische Rolle zuordnen. Die Subjektwahl folgt nämlich auch anderen Gesetzmäßigkeiten, wie schon das Passiv-Beispiel in (10) zeigt. Wie bereits in Kap. 1.4 erwähnt, zeigt das Subjekt auch die Funktion des Topiks an. Außerdem gibt es ein verletzbares formales Subjektprinzip:

- **Formales Subjektprinzip**: Jeder Satz hat ein Nominativsubjekt.

Dieses Prinzip sorgt dafür, dass nicht-agentivische Rollen als Nominativsubjekt kodiert werden, falls kein Agens vorliegt. Außerdem erklärt es das Vorkommen von Subjektexpletiva wie in *es regnet* und *mir ist es kalt* (vgl. Kap. 1.2). Verletzt wird das Prinzip u. a. in unpersönlichen Passivkonstruktionen wie *Hier wird getanzt*.

Als Gegenbeispiele gegen das Agens-Subjekt-Prinzip werden in der Forschung Verben wie *bekommen* und *erhalten* genannt (Dowty 1991):

(11) a. Heute bekommt der Opa von Max einen Brief.
     b. Heute erhält der Opa von Max einen Brief.

Das Problem ist hier laut Dowty, dass Max, der nicht in der Subjektfunktion erscheint, dem Opa den Brief sehr wahrscheinlich absichtlich schickt, womit dieser und nicht der Opa als kontrollfähiges Agens ausgewiesen wäre. Eine genauere Analyse der in (11) vorliegenden Verbbedeutungen und unsere obige prädikatsbezogene Formulierung des Agens-Subjekt-Prinzips schafft Klarheit. Das Prinzip fordert den Nominativ für das kontrollfähige Agens der vom Prädikat bezeichneten Situation. Die Situation, an der sich Max als kontrollfähiges Agens beteiligt, ist nicht sein Bekommen oder Erhalten des Briefes, sondern sein Schicken des Briefes. Dieses Transfer-Ereignis wird vom Bekommen-Ereignis, das die Verben in (11) bezeichnen, impliziert, ist jedoch mit ihm nicht bedeutungsgleich. Wenn Max dem Opa einen Brief schickt, ist nicht garantiert, dass dieser ihn erhält. Wir halten fest: Das Agens-Subjekt-Prinzip gilt nur für ein kontrollfähiges Agens der vom Prädikat bezeichneten Situation. In der Forschung wird diese Einschränkung nicht immer beachtet.

Es gibt verschiedene Auffassungen über den Subjektbegriff. In der traditionellen Grammatikforschung wird das Subjekt auf der Grundlage der Nominativrektion bestimmt (vgl. Musan 2010a). Diesem Ansatz haben wir uns bisher angeschlossen. In neueren Syntaxtheorien wird der Begriff strukturell aufgefasst (vgl. Chomsky 1981, Adger 2003). Für das Deutsche ergibt sich daraus, dass das Subjekt dasjenige Argument ist, das in der **Grundabfolge** der Satzglieder allen anderen Argumenten vorangeht. Auch hinsichtlich des strukturellen Subjekts hat das Agens-Subjekt-Prinzip Gültigkeit: In der Grundabfolge geht ein Agens den anderen Argumenten stets voran. Dies ist im Mittelfeld deutscher Sätze, wie in (12), zu erkennen:

(12) Heute hat ein Einbrecher einen Banktresor geöffnet.
              |

       kontrollfähiges Agens
       Nominativargument
       Grundabfolge vor allen anderen Argumenten

Die Grundabfolge der Argumente lässt sich dadurch bestimmen, dass sie in beliebigen Kontexten, insbesondere auch zu Beginn eines Textes oder Gesprächs verwendet werden kann. Demgegenüber ist der Satz *Heute hat einen Banktresor ein Einbrecher geöffnet* als Text- oder Gesprächsanfang unangemessen.

Während das kasusbezogene Agens-Subjekt-Prinzip nur für ein kontrollfähiges Agens gilt, ist das Grundabfolge-Prinzip allgemeiner:

- **Rollensemantisches Grundabfolge-Prinzip**: Ein agentivischeres Argument geht einem weniger agentivischen Ko-Argument in der Grundabfolge voran.

Gemäß dieses Prinzips geht sowohl ein kontrollfähiges Agens wie in (8a) als auch ein unabsichtlicher Verursacher wie in (8b) dem nicht-agentivischen Argument in der Grundabfolge voran. Das Prinzip gilt nur für Argumente desselben Prädikats (Ko-Argumente).

In (8a) stimmen Kasusrektion und Grundabfolge überein, so dass ein strukturelles Subjekt mit Nominativrektion und ein strukturelles Objekt mit Akkusativrektion vorliegt. In (8b) stimmen Kasusrektion und Grundabfolge nicht überein. Das strukturelle Subjekt erscheint in einem obliquen (nicht-nominativischen) Kasus, das strukturelle Objekt steht im Nominativ. Deswegen spricht man hier auch von einem **obliquen Subjekt** und einem **Nominativobjekt**.

Das Grundabfolge-Prinzip setzt einen mehrdimensionalen Agensbegriff voraus, der im nächsten Abschnitt vorgestellt wird. Ein solcher Begriff wird u. a. benötigt, wenn Rollen, die in der Standardauffassung verschieden sind, wie etwa ein kontrollfähiges Agens und ein unabsichtlicher Verursacher in (8a, b), bei manchen Erscheinungen zusammenfallen (**Rollenzusammenfall**).

Aufgabe 5. Weisen Sie mit Hilfe von Agenstests nach, dass das implizite Argument im folgenden Passivsatz als kontrollierendes Agens fungiert: *Gestern wurde der Banktresor nochmals überprüft.* Beachten Sie, dass aufgrund der Passivkonstruktion einige Tests nicht anwendbar sind.

2.3 Proto-Agens

Wir sind in den bisherigen Kapiteln immer wieder auf Fälle gestoßen, in denen

- ein syntaktisches Argument mehr als eine semantische Rolle trägt (Rollenkumulation),
- dieselbe semantische Rolle bei mehr als einem Argument auftritt (Rollendispersion), und

- semantische Rollen bei manchen sprachlichen Erscheinungen zusammenfallen (Rollenzusammenfall).

Rollenkumulation haben wir am Beispiel des Verbs *verkaufen* kennengelernt, vgl. *Max verkaufte dem Opa den Motorroller* (s. Kap. 1.2). Das Subjekt ist mit dem Agens des Besitzwechsels und dem Besitzer des veräußerten Gegenstandes vor dem Verkaufereignis assoziiert. Das Dativobjekt lässt sich als Besitzer des veräußerten Gegenstandes nach dem Verkaufereignis und als kausal affizierter Partizipant charakterisieren, da er nur infolge der Tätigkeit des Agens zum Besitzer wird.

Rollendispersion, d. h. wenn dieselbe semantische Rolle bei mehr als einem Argument auftritt, findet man u. a. bei rollensemantisch symmetrischen oder partiell symmetrischen Relationen wie *heiraten* (vgl. Kap. 1.2).

Einen Rollenzusammenfall haben wir bei der Grundabfolge der Ko-Argumente festgestellt: ein kontrollfähiges Agens und ein unabsichtlicher Verursacher verhalten sich hinsichtlich ihrer Grundstellung gleich (vgl. eingehender Kap. 4.4). Auch beim unpersönlichen Passiv können mehrere Rollen unterdrückt werden (vgl. Kap. 2.4).

Die oben genannten drei Fälle bieten Rollenauffassungen Probleme, die in der Nachfolge Charles Fillmores (1968) eine Liste von eindimensionalen Rollen aufstellen (so genannte **Rollenlisten-Ansätze**, vgl. Levin/Rappaport Hovav 2005). Zwar werden semantische Rollen in Rollenlisten-Ansätzen anhand einiger Begriffe wie Absichtlichkeit und Verursachung definiert, aber diese grundlegenden Konzepte werden nicht dafür herangezogen, um zwei oder drei rollensemantische Oberbegriffe in spezifischere Rollen zu zerlegen. Semantische Rollen wie Agens, Patiens, Experiencer oder Rezipient bleiben voneinander isolierte, eindimensionale Begriffe. Charakteristisch für diese Auffassung ist das in Kap. 1.2 kritisch diskutierte Rollenkriterium (das unter verschiedenen Bezeichnungen anzutreffen ist): Jeder semantischen Rolle eines Prädikats entspricht genau ein syntaktisches Argument und jedem syntaktischen Argument entspricht genau eine semantische Rolle. Flankiert wird dieses Zuordnungsprinzip durch die Annahme, dass eine semantische Rolle nur einmal in einem einfachen Satz vorkommt (**Einmal-Pro-Satz-Prinzip**). Beide Prinzipien sind aufgrund der oben aufgelisteten drei Erscheinungen äußerst problematisch.

Eine von vielen Autoren verfolgte Lösung der genannten Probleme besteht darin, die Bedeutung eines Verbs und dementsprechend die semantische Funktion jedes Arguments in einzelne Bestandteile zu zerlegen und daraus die semantische Rolle abzuleiten.

Zentral für einen solchen Ansatz sind nicht die bekannten semantischen Rollen, sondern rollensemantische Grundrelationen wie etwa die Kausal- und Besitzrelation, die in Verbbedeutungen immer wieder, auch in diversen Kombinationen miteinander, auftreten. Einen solchen Ansatz charakterisieren wir als mehrdimensional. In diesem Kapitel stellen wir den **Proto-Agens-**Begriff von Dowty (1991) vor.

Die folgenden Agensdimensionen orientieren sich an Dowtys Ansatz (vgl. auch Primus 1999, Blume 2000, Ackerman/Moore 2001):

(13) Proto-Agens-Dimensionen und agensähnliche Rollen
      a. Verursachung (Verursacher, Ursache): *Rauchen verursacht Krebs.*
      b. Handlungskontrolle: *Der Opa unterlässt das Rauchen.*
      c. Sentience (Experiencer, Zustandsträger): *Die Oma mag den Opa. Sie kennt ihn gut.*
      d. Selbstinduzierte Bewegung (Vorgangsträger): *Max schwitzt. Die Rose blühte.*
      e. Besitz (Besitzer, Possessor): *Der Opa besitzt einen Roller. Dem Opa gehören drei Häuser.*

Die Proto-Rollen-Dimensionen charakterisiert Dowty als Implikationen, die ein Verb hinsichtlich eines seiner Argumente auslöst, sie lassen sich jedoch auch als Relationen bzw. Eigenschaften, Merkmale oder Komponenten auffassen. Mit Hilfe der Proto-Agens-Dimensionen kann man spezifischere semantische Rollen definieren, die unter die Oberrolle Proto-Agens fallen und auf diese Weise als agentivisch bzw. agensähnlich ausgewiesen sind (vgl. auch den Makro-Rollenansatz von VanValin/Lapolla 1997). Übliche Namen für spezifischere Rollen erscheinen in (13) in Klammern.

Wir werden nun die Proto-Agens-Dimensionen und die agensähnlichen Rollen einzeln besprechen. Verursachung und Handlungskontrolle (von Dowty Volitionalität genannt) haben wir in Kap. 2.1 bei der Diskussion des Agens in der Standardauffasssung kennengelernt. Anders als in der Standardauffassung handelt es sich in einem Proto-Rollen-Ansatz um Eigenschaften, die wie bei den Subjekten in (13a, b) auch isoliert vorkommen können.

Sentience in (13c) hat mehrere Ausprägungen, u. a. Wahrnehmung (*sehen, hören, auffallen*), Empfindung (*frieren*), Emotion (*mögen, hassen, fürchten*), Bewertung (*schätzen, bevorzugen*) oder epistemische (d. h. wissensbezogene) Zustände (*wissen, glauben, kennen, einfallen*). Jeder psychische Zustand setzt einen **Experiencer** (auch **Zustandsträger**) voraus.

Charakteristisch für alle psychischen Zustände ist, dass der Experiencer eine zustandsspezifische mentale Repräsentation des Gegenstandes erzeugt, die in den meisten Fällen von einer Bewertung des Gegenstandes und einer Aufmerksamkeitslenkung auf den Gegenstand begleitet wird. Dies etabliert eine kausale Abhängigkeit der prädikatsspezifischen Situation vom Experiencer: Gäbe es die mentale Repräsentation des Experiencers nicht, so käme die vom Prädikat bezeichnete Situation nicht zustande. Der Gegenstand hingegen kann die vom Prädikat bezeichnete Situation nicht selbstinduziert herbeiführen. So kann eine Blume diverse Reize auslösen. Ob daraus ein Sehen, Riechen, Bewundern oder Sich-Erinnern entsteht, bestimmt der psychische Zustand des Experiencers. Daher lässt sich der Experiencer aller psychischen Zustände als schwach agentivisch auffassen. Überdies kann ein Experiencer einen psychischen Zustand bis zu einem gewissen Grad kontrollieren (vgl. für Emotionen Gross 2007).

Was den Experiencer von stark agentivischen Rollen unterscheidet, ist, dass er nicht physisch aktiv ist, psychische Zustände, falls überhaupt, nur in sehr eingeschränktem Maße kontrollieren kann und keine physische Zustandsveränderung des Gegenstandes herbeiführt.

Selbstinduzierte Bewegung in (13d) bezieht sich auf jede Form von Aktivität, also auch auf den **Vorgangsträger** von *schwitzen*, *bluten* und *blinzeln*. Um ein agentivisches Merkmal handelt es sich nur, wenn die Bewegung aufgrund einer eigenen Energiequelle selbstinduziert (autonom) erfolgt. Das Fallen von Steinen z. B., das aufgrund der Gravitation der Erde erfolgt, erfüllt dieses Kriterium nicht.

Die Rolle **Besitzer** (auch **Possessor**) in (13e) kommt nicht bei Dowty (1991), sondern u. a. bei Jackendoff (1990), Wunderlich (1997) und Zifonun et al. (1997) vor. Diese Rolle unter Proto-Agens zu stellen (vgl. Primus 1999), ist dadurch motiviert, dass der betreffende Partizipant den Besitz unter Kontrolle hat, z. B. dadurch, dass er den Gegenstand erwerben, veräußern oder in anderer Hinsicht darüber verfügen kann und dafür verantwortlich gemacht werden kann.

Alle Rollen in (13) fallen unter Proto-Agens und werden im Folgenden als agensähnlich oder schwach agentivisch bezeichnet. Das Agens der traditionellen Auffassung vereint mehrere dieser Merkmale und kann daher als stark agentivisch bezeichnet werden.

Der Proto-Agens-Begriff lässt sich mit Hilfe der Prototypentheorie in einen größeren Zusammenhang stellen (vgl. Löbner 2003,

Kap. 9.2). Die Prototypentheorie widmet sich der Frage, wie Menschen Kategorien bilden und kognitiv verarbeiten. Während in der gängigen Auffassung alle Elemente einer Kategorie dieselben Eigenschaften aufweisen, geht man in der Prototypentheorie davon aus, dass es innerhalb einer Kategorie zentrale, prototypische Elemente (z. B. *rot* für die Farbkategorie und *Hammer* für die Werkzeugkategorie) und periphere Elemente gibt (z. B. *lila* und *Schere*). Eine prototypengeleitete Kategorisierung ist somit eine Art Gruppierung um ein prototypisches Exemplar, das man auch als den besten Repräsentanten der Kategorie auffassen kann. Der **Prototyp** wird schneller erkannt, schneller als Repräsentant einer Kategorie genannt, leichter gelernt und häufiger verwendet. Kategorien haben unscharfe Ränder und sind nicht notwendigerweise disjunkt. Es kann Elemente geben, die zu zwei Kategorien gehören. Eine Möglichkeit, den Prototypenbegriff zu präzisieren, ist, für die betreffende Kategorie einen Merkmalkatalog aufzustellen und den Prototyp als dasjenige Element auszuweisen, das die meisten kategorienspezifischen Merkmale auf sich vereint. Periphere Elemente weisen weniger kategorienspezifische Merkmale auf. Dieser Methode bedienen sich Lakoff (1977) und Dowty (1991) bei der Bestimmung des mehrdimensionalen Agenskonzepts. Die wichtigsten Merkmale, die Agens im weitesten Sinne (Proto-Agens) definieren, wurden in (13) weiter oben aufgelistet. Der **Agens-Prototyp** weist viele kategorienspezifische Komponenten auf, nämlich mindestens Handlungskontrollfähigkeit, selbstinduzierte Bewegung und Sentience. Periphere Agensrollen, wie in (13), weisen nur eine Agenskomponente auf.

2.4 Unpersönliches Passiv

Mehrere grammatische Erscheinungen lassen sich nur durch ein mehrdimensionales Agenskonzept angemessen erfassen. Eine davon ist das **unpersönliche Passiv**, das im Folgenden näher besprochen wird. In (10) weiter oben wurde ein persönliches Passiv illustriert. Diese Konstruktion wird von Verben gebildet, die im Aktiv ein Akkusativobjekt haben, das im Passiv zum Subjekt angehoben wird. Von Verben ohne Akkusativobjekt bildet man ein unpersönliches, subjektloses Passiv:

(14)   a.   Bei der Party wurde viel gelacht, gesungen und getanzt.
       b.   Hier wird gequietscht.

Uneingeschränkt passivfähig sind intransitive oder intransitiv gebrauchte Verben wie in (14a), die ein kontrollfähiges Agens zuweisen. In einem unpersönlichen Passiv wird man, auch wenn keine Agensphrase vorhanden ist, bevorzugt ein absichtlich handelndes und mithin belebtes Agens hineininterpretieren. So kann (14b) nicht bedeuten ‚hier quietscht die Tür'. Dennoch findet man Belege, deren unterdrücktes Argument kein Agens im engeren Sinn ist (vgl. Primus 2011):

(15) Oft bleiben da Touristen auch länger und verheizen das ganze Holz, sodass im Ernstfall dann gefroren wird.

(16) Besondere Sensibelchen aus der Duftabteilung rümpfen immer die Nase. Weil im Sommer so viel gestunken wird.

(17) Und daß die Schutzkleidung zum Fahren gehört wie die Rollen zu den Skatern. Denn ohne kann das Stürzen ziemlich schmerzhaft ausfallen. Gefallen wird nämlich immer nach vorn, in dieser Richtung fangen stabile Schützer an Knien, Ellenbogen und Handflächen das Gewicht ab.

(18) Aber geblüht wird nur, wenn die Pflanze auch etwas älter ist. Es dauert einige Jahre, bis die Blüten kommen.

(19) Das Bremsenquietschen setzt erst 1-2 Sekunden nach Stillstand ein, dabei ist es egal, welcher Wert in CV 107 eingestellt wird. [...] Gequietscht wird immer erst nach Stillstand. [über ein fehlerhaftes elektronisches Soundprogramm für die Bremsen einer Modelleisenbahn]

(20) Mit einem Schalter am Armaturenbrett kann der Fahrer jederzeit auf Benzinbetrieb umschalten. Wenn der Gasdruck auf einen zu niedrigen Wert sinkt, wird automatisch umgeschaltet.

Entgegen der Meinung einiger Linguisten (z. B. Dowty 1991: 608f.) werden unbelebte Entitäten, die anstelle eines menschlichen Agens verwendet werden, nicht notwendigerweise als Metapher bzw. Personifikation interpretiert. Im Gegensatz zu einer metaphorischen Verwendung wie *Die Bremsen ächzten* und *Der Schalter grübelte* liegt in (19) – (20) keine Personifikation vor. Passivbelege für das Fallen von Steinen, das Quietschen von Türen, das Funkeln von Sternen, Regnen oder Schneien findet man nicht. Offensichtlich gibt es eine rollensemantische Beschränkung, die von der bisherigen Forschung mit Bezug auf ein kontrollierendes Agens zu strikt formuliert wurde (vgl. Dowty 1991, Zifonun et al. 1997: 1797f., Vogel 2005, Duden 2009: 557f.).

Auf der Grundlage eines mehrdimensionalen Agensbegriffs kann man die rollensemantische Beschränkung für das unpersönliche Passiv wie folgt angemessener erfassen:

- Das unterdrückte Argument im unpersönlichen Passiv muss mindestens eines der folgenden Proto-Agens-Komponenten aufweisen: Kontrollfähigkeit, Sentience oder selbstinduzierte Bewegung.

Die Handlung eines Automaten, wie in den Passivbelegen (19) und (20), erfüllt die in Kap. 2.1 eingeführten Kriterien der Handlungskontrolle. Automaten verfügen über ein rudimentäres ereignisbezogenes Wahrnehmungssystem, d. h. sie reagieren auf Umweltveränderungen, die für das Ereignis relevant sind. Dieses Wahrnehmungssystem löst das Ereignis aus und steuert seine Durchführung. Während Menschen für eine Vielzahl verschiedener Ereignisse als kontrollierendes Agens fungieren können, kontrollieren Automaten nur diejenigen Aktivitäten selbsttätig, für die sie hergestellt werden. So wurde das in (19) beschriebene Soundprogramm für Bremsenquietschen programmiert (wobei es aufgrund eines Defekts nicht vor dem Bremsen, sondern danach quietscht). Der in (20) thematisierte Schalter ist für den Wechsel der Treibstoffart programmiert und kontrolliert diesen Vorgang selbsttätig. Der diskutierte Schalter wurde nicht für Grübel-Ereignisse hergestellt, weswegen *Der Schalter grübelte* im Gegensatz zu (20) eine Personifikation ist.

Über zielgerichtete biologische Programme für den Ablauf eines Ereignisses verfügen auch einfache Lebewesen, wie etwa blühende Pflanzen, womit Passivbelege wie in (18) erklärbar sind. Zielgerichtete biologische Programme laufen auch bei Körperreaktionen wie Frieren und Stinken ab, womit Passivbelege wie in (15) und (16) erklärt werden können. An solchen Ereignissen beteiligte Personen sind insoweit agentivischer als einfache Lebewesen, als sie solche Vorgänge wahrnehmen können. Des Weiteren können Personen im Gegensatz zu einfachen Lebewesen Maßnahmen ergreifen, die zur Veränderung oder Unterdrückung solcher Vorgänge oder deren Folgen führt. Auf diese Weise erklärt sich auch der Unterschied zwischen dem Fallen von Personen, das im Passiv belegt ist, vgl. (17) weiter oben, und dem Fallen von Steinen, das als unpersönliches Passiv nicht belegt ist. Im Beleg (17) geht es gerade darum, die Folgen eines Sturzes durch Schutzkleidung zu kontrollieren. Wir halten fest: Auch unbelebte Entitäten, besonders Automaten, können in den Ereignissen, für die sie entwickelt wurden, selbstinduziert aktiv sein, ereignisrelevante Umweltveränderungen ,wahrnehmen' und zielgerichtet agieren. Menschen sind für die Agensrolle insofern biologisch besser ausgestattet, als sie für eine Vielzahl von Ereignissen als Proto-Agens fungieren können.

Die obigen Belege (15) – (20) sind zwar grammatisch, aber Verben wie in (14a), die ein ,echtes', mehrere Komponenten implizierendes Agens zuweisen, werden im unpersönlichen Passiv bevorzugt (vgl. Primus 2011). Diese Präferenz geht auf die Informativitätsmaxime zurück (vgl. Kap. 1.4): Bevorzugt wird stets die semantisch merkmalreichste Interpretation, die mit der gegebenen Situation verträglich ist. Daher wird die Passivierung eines Verbs wie *lachen*, das eine merkmalsreiche Agensinterpretation aufweist (Kontrollfähigkeit, selbstinduzierte Bewegung und Sentience), gegenüber der Passivierung eines Verbs wie *frieren*, das nur Sentience impliziert, bevorzugt. Aus demselben Grund wird dem impliziten Agens in *Hier wird gequietscht* Kontrollfähigkeit, selbstinduzierte Bewegung und Sentience zugeschrieben. Die Präferenz, einem Partizipanten die Rolle des prototypischen Agens zuzuschreiben, lässt sich auch im Rahmen der Prototypentheorie dadurch erklären, dass ein prototypisches Agens den besten Repräsentanten der Proto-Agens-Rolle darstellt (vgl. Kap. 2.3).

Aufgabe 6. Welche Proto-Agens-Implikationen können Sie für das erste Argument in den Sätzen (a) – (d) jeweils ausmachen? Lassen sich die ermittelten Implikationen durch die in Kap. 2.1 eingeführten Tests für das Agens der Standardauffassung bestätigen?

(a) *Eine verirrte Kugel tötete einen Waldarbeiter.*

(b) *Ein Zweig zerbrach letzte Nacht unser Schlafzimmerfenster.*

(c) *Die Sprinkleranlage sprang an und löschte den Brand.*

(d) *Dem Einbrecher explodierte die Platzpatrone zu früh.*

Aufgabe 7. Nominalisierungen mit dem Suffix *-er* beziehen sich in vielen Fällen auf ein Agens, vgl. *Arbeiter* ‚jemand, der arbeitet'. Welche der folgenden Nominalisierungen bezeichnen ein Agens oder eine agensähnliche Rolle und welche Proto-Agens-Implikationen können Sie feststellen?

Lehrer, Besitzer, Kenner, Frühblüher, Jodler, Drucker

Beachten Sie, dass manche Nominalisierungen mehrere Lesarten haben können, wie etwa *Hocker* in *Barhocker* und *Stubenhocker*, und dass Sie lesartenbezogen argumentieren müssen.

2.5 Zusammenfassung

Traditionellerweise fasst man das Agens als den typischerweise belebten Partizipanten auf, welcher die vom verbalen Prädikat bezeichnete Situation absichtlich herbeiführt. Absichtlichkeit bzw. Handlungskontrolle wird in den meisten Fällen nicht strikt impliziert, sondern nur nahegelegt. Im letzten Fall liegt ein kontrollfähiges Agens vor. Für diese Rolle wurden verschiedene Testverfahren vorgestellt. Die syntaktische Realisation dieser Rolle unterliegt bestimmten Gesetzmäßigkeiten. Was die Kasusrektion betrifft, so erscheint diese Rolle in der grundlegenden, aktiven Form eines Satzes in Nominativsprachen wie dem Deutschen als Subjekt im Nominativ (Agens-Subjekt-Prinzip). Die Umkehrung gilt nicht: Aus der Subjektfunktion lässt sich keine semantische Rolle ableiten. Dies liegt daran, dass die Subjektselektion auch von anderen Faktoren – wie etwa der Topikfunktion und dem formalen Subjektprinzip – determiniert wird. Was die Grundabfolge der Verbargumente betrifft, so geht nicht nur ein kontrollfähiges, sondern jede agentivischere Rolle einer weniger agentivischen voran (rollensemantisches Grundabfolge-Prinzip). Diese Beschränkung setzt einen mehrdimensionalen Agensbegriff voraus, wie er u. a. im Proto-Rollen-Ansatz verwendet wird. Dieser Ansatz und die verschiedenen Proto-Agens-Komponenten, die einen erweiterten, mehrdimensionalen Agensbegriff ausmachen, wurden durch rollensemantische Beschränkungen für das unpersönliche Passiv eingehender motiviert.

Grundbegriffe: Verursachung, Handlungskontrolle, kontrollfähiges Agens, Absichtlichkeitsimplikatur, Proto-Agens, Sentience, Experiencer, selbstinduzierte Bewegung, Vorgangsträger, Besitzer (auch Possessor), Prototyp, persönliches und unpersönliches Passiv

Weiterführende Literatur: Fillmore (1968, 1977), Cruse (1973), Lakoff (1977), Dowty (1991), Zifonun et al. (1997: 1298f.), Eisenberg (2006: 75f.), Duden (2009: 390f.).

3   Patiens und verwandte Rollen

Nach einer begrifflichen Klärung der Patiensrolle in Standardfällen (Kap. 3.1) wenden wir uns der syntaktischen Realisierung dieser Rolle im Deutschen zu (Kap. 3.2). In diesem Zusammenhang werden auch unakkusative Verben behandelt. Die syntaktische Realisierung des Agens und Patiens bestimmt die Unterscheidung zwischen Nominativ- und Ergativsprachen im Rahmen der relationalen Typologie (Kap. 3.3). Die weiteren Überlegungen führen uns zu Proto-Patiens und zu patiensähnlichen Rollen bei Besitzverben und psychischen Prädikaten (Kap. 3.4).

3.1 Standardfälle

Als Patiens wird die semantische Rolle eines Partizipanten bezeichnet, der in dem vom Prädikat bezeichneten Geschehen physisch manifest betroffen ist und dessen Zustand sich physisch verändert. Die grundlegenden Begriffe, welche ein Patiens charakterisieren, sind mithin physische Betroffenheit (auch Affiziertheit) und Zustandsveränderung. Die Bezeichnung dieser Rolle stammt vom Lateinischen *patiēns* ‚erduldend, erleidend‘.

Für die nähere Bestimmung einer **Zustandsveränderung** greifen wir auf die Aktionsartklassifizierung in Kap. 1.3 zurück. Dort haben wir telische Verben besprochen, bei denen man für einen Partizipanten eine bestimmte Zustandsveränderung ausmachen kann. Dies trifft für das in (1a) beschriebene Öffnungsereignis zu, bei dem der Tresor vor dem Ereignis zu und danach offen ist.

(1) a. Der Einbrecher öffnete den Tresor in drei Minuten/*drei Minuten lang.

   b. Der Einbrecher berührte den Tresor drei Minuten lang/*in drei Minuten.

Das atelische Verb *berühren* in (1b) impliziert, wie die Zeitangaben zeigen (vgl. Kap. 1.3), keine bestimmte Zustandsveränderung des Tresors.

Affiziertheit (auch **Betroffenheit**) ist ein Patienskriterium, das zwar viel verwendet, aber selten präzisiert wird. Für die Klärung dieses Kriteriums greifen wir auf die für den Agensbegriff in Kap. 2.1 eingeführte Verursachung zurück. Affiziertheit ruft jedes Agens bei einem Patiens hervor, sofern das Patiens im Handlungsziel des Agens inbegriffen ist. Nicht von ungefähr wird die Patiensrolle von einigen Forschern auch **Ziel** (engl. *goal*) genannt. Verursachung kann man anhand der Beispiele in (1a, b) wie folgt formulieren: Hätte der Einbrecher das vom Prädikat bezeichnete Ereignis nicht initiiert, so wäre der Tresor in diesem Ereignis nicht involviert. Dabei ist wichtig, dass das Agens Initiator des Ereignisses und das Patiens Teil des Handlungsziels des Agens ist.

Wir halten fest, dass die Affiziertheit eines Partizipanten einen weiteren das Ereignis verursachenden Partizipanten voraussetzt. Affiziertheit im strengen Sinn kommt somit nur bei semantisch zwei- oder mehrstelligen Prädikaten in Frage. Eine Zustandsveränderung ist an die Aktionsart des Satzes gebunden und setzt keinen weiteren Verursacher-Partizipanten voraus. Diese in der bisherigen Forschung vernachlässigte Unterscheidung hilft, Affiziertheit und Zustandsveränderung als eigenständige Patienskriterien auseinander zu halten. Es gibt Verben, die nur die Zustandsveränderung eines Patienspartizipanten implizieren (z. B. einstelliges *schmelzen, einfrieren, verblühen* oder *verrosten*). Das Patiens solcher Verben bezeichnet man auch als **Thema**. Wiederum gibt es Verben wie *be-*

rühren, *kämmen* oder *küssen*, die nur die Affiziertheit des Patienspartizipanten implizieren. Solche Verben sind semantisch mindestens zweistellig, da sie einen weiteren Verursacher-Partizipanten voraussetzen (Dabei ist nicht ausgeschlossen, dass ein Individuum beide Partizipantenrollen übernimmt, vgl. *Max kämmt sich*). Schließlich gibt es Verben wie *öffnen* und *bauen*, deren zweiter Partizipant sowohl eine physische Affiziertheit als auch eine physische Zustandsveränderung erfährt. Der letzte Patienstyp bildet den **Patiens-Prototyp**.

Ein relativ zuverlässiges Testverfahren für die Ermittlung einer Patiensrolle beruht auf den oben genannten Kriterien, die man mit Hilfe eines allgemeinen Verbs wie *was mit x geschah/passierte* umschreiben kann. Vgl. (2) – (4):

(2)   a.   Was mit dem Tresor passierte, ist, dass ihn der Einbrecher öffnete.
      b.   Was mit dem Tresor passierte, ist, dass ihn der Einbrecher berührte.
(3)   a.   #Was mit dem Einbrecher passierte, ist, dass er den Tresor öffnete.
      b.   #Was mit dem Einbrecher passierte, ist, dass er den Tresor berührte.
(4)   Was mit dem Eis passierte, ist, dass es schmolz.

Auf diese Weise wird in (2a, b) *der Tresor* als Patiens ermittelt. Der Versuch in (3a, b), das Agens auf dieselbe Weise zu umschreiben, scheitert. (4) zeigt, dass eine Patiensrolle auch bei semantisch einstelligen Verben vorkommt, die eine Zustandsveränderung implizieren, wie etwa *schmelzen*, aber auch *einfrieren*, *verblühen* oder *verrosten*.

Eine Zustandsveränderung kann auch die Existenz eines Partizipanten betreffen. Vgl. (5):

(5)   a.   Diese Medikamente verursachten beim Patienten Darmkrebs.
      b.   Opa schrieb einen Roman.

In (5) sind bestimmte Medikamente Verursacher von Darmkrebs: Wenn es diese Medikamente nicht gegeben hätte, so wäre der Darmkrebs nicht entstanden. Ähnliches gilt für die Entstehung des Romans im Zuge der Handlung von Opa. In beiden Fällen entsteht der Partizipant im Zuge des Geschehens. Man spricht von einem **effizierten Patiens**. Bei einem effizierten Patiens versagt der in (2)-(4) eingeführte Test. Dies liegt daran, dass die Formulierung *was mit x passierte* die Existenz von x voraussetzt. Vgl. (6):

(6)   a.   #Was mit dem Darmkrebs passierte, ist, dass ihn diese Medikamente verursachten.
      b.   #Was mit dem Roman passierte, ist, dass ihn Opa schrieb.

3.2 Syntaktische Realisation

Die kasusbezogene Realisation eines Patiens in der grundlegenden, aktiven Form eines Satzes in Nominativsprachen wie dem Deutschen oder Englischen hängt davon ab, ob im selben Satz auch ein kontrollfähiges Agens vorkommt. Ist ein solches Agens vorhanden, so wird das Agens gemäß des Agens-Subjekt-Prinzips als Subjekt im Nominativ realisiert (vgl. Kap. 2.2). Das physisch affizierte oder veränderte Patiens wird dann als Akkusativobjekt kodiert:

- **Patiens-Objekt-Prinzip** für Nominativsprachen: Wenn ein kontrollfähiges Agens und ein physisch affiziertes oder verändertes Patiens der vom Prädikat bezeichneten Situation vorliegen, dann wird das Patiens im Aktivsatz als Objekt (bevorzugt als Akkusativobjekt) realisiert.

In der Grundabfolge folgt das Patiens dem Agens. Diese Generalisierung wird bereits durch das in Kap. 2.2 formulierte rollensemantische Grundabfolge-Prinzip abgedeckt. Diesem Prinzip zufolge geht ein agentivischeres Argument einem weniger agentivischen Argument in der Grundabfolge voran. Ein Patiens ist weniger agentivisch als ein Agens, womit die Agens-Patiens-Abfolgepräferenz erklärt ist.

Die kanonische syntaktische Realisierung von Agens und Patiens fasst (7) zusammen:

(7) *Heute verhaftete die Polizei den Einbrecher.*

Agens	Patiens
Subjekt	Objekt
Nominativ	Nicht-Nominativ
Voranstellung	Nachstellung

Wird ein Patiens als Topik verwendet (vgl. zum Topikbegriff Kap. 1.4), so bietet sich eine Passivkonstruktion wie in (8) an, in welcher das Patiens im Nominativ erscheint und die Nominativrektion des Agens unterdrückt ist:

(8) Heute wurde der Einbrecher von der Polizei verhaftet.

Auch in Aktivsätzen kann ein Patiens im Nominativ realisiert werden, aber nur, wenn kein anderer Partizipant als kontrollfähiges Agens fungiert. Dies kommt bei **unakkusativen** (auch **ergativen**) Verben vor. Solche Verben selegieren keinen anderen Partizipanten als kontrollfähiges Agens, bezeichnen in der Regel eine Zustandsveränderung und regieren keinen Akkusativ (vgl. eingehender Zifonun et al. 1997: 1872f.). Vgl. neben (4) weiter oben auch (9) – (10):

(9) a. Heute ist in wenigen Minuten das Speiseeis geschmolzen.
  b. In diesem Jahr sind bei strengem Frost die Wasserrohre geplatzt.
  c. Ohne Regen sind in einigen Tagen die Geranien verdorrt.
(10) a. Heute ist dem Opa eine teure Vase zerbrochen.
  b. Zum wiederholten Mal ist dem Einbrecher die Flucht gelungen.

Das Patiens (auch Thema) unakkusativer Verben erscheint zwar im Nominativ, seine Grundstellung an der rechten Satzgrenze entspricht allerdings der eines Objekts in einem transitiven Satz. Einige Forscher sprechen daher auch von einem Nominativobjekt. Ein weiteres Kennzeichen unakkusativer Verben ist das Hilfsverb *sein* statt *haben* im Perfekt und Plusquamperfekt, wie in (9) und (10) illustriert. Solche Verben zeichnen sich schließlich dadurch aus, dass sie nur unter bestimmten Umständen passivierbar sind und daher recht selten im Passiv verwendet werden (vgl. Primus 2011):

(11) Es ist erstaunlich, mit welcher Geschwindigkeit durch dieses Einkaufsmekka von Shopping-Mall zu Shopping-Mall geeilt wird. (Internetbeleg)

Ein passiviertes unakkusatives Verb bezeichnet keine einzelne bestimmte Zustandsveränderung, z. B. eine einzelne Positionsänderung von einer Shopping-Mall zu einer anderen Shopping-Mall. Vielmehr geht es um wiederholte Ereignisse ohne bestimmten Endzustand (zum unpersönlichen Passiv bei intransitiven Verben, die nicht unakkusativ sind, vgl. Kap. 2.4).

Aufgabe 8. Stellen Sie anhand der in Kap. 3.1 und 3.2 eingeführten Kriterien und Tests fest, welches Argument in den folgenden Sätzen ein Patiens ist.
(a) *Dem Einbrecher explodierte die Platzpatrone zu früh.*
(b) *Der Einbrecher lief in die Stadt.*

3.3 Ergativsprachen

Die syntaktische Realisation eines kontrollfähigen Agens (Agens-Prototyps) und eines physisch affizierten oder veränderten Patiens (Patiens-Prototyps) bestimmt die Unterscheidung zwischen Nominativ- und **Ergativsprachen** im Rahmen der relationalen Typologie (vgl. Dixon 1994, Primus 1999). Diese Rollen werden in Nominativsprachen wie dem Deutschen und den meisten anderen europäischen Sprachen in Aktivsätzen kanonischerweise wie folgt kodiert: Der Agens-Prototyp erscheint als Subjekt im Nominativ, der Patiens-Prototyp erscheint als Akkusativobjekt.

In Ergativsprachen werden Agens- und Patiens-Prototyp anders kodiert. Die Beispiele in (12) veranschaulichen die ergativische Ka-

suszuweisung (Ergativkonstruktion) im Awarischen, einer nordost-
kaukasischen Sprache, die deutschen Übersetzungen illustrieren die
nominativische (auch akkusativische) Kasuszuweisung:

(12) a. yas   y-orč'ana.
         Mädchen(ABS, C2) C2-erwachte
         ,Das/Ein Mädchen erwachte.'
     b. di-cca   y-osana   yas.
         Ich-ERG   C2-nahm   Mädchen(ABS, C2)
         ,Ich nahm das/ein Mädchen.'

Das einzige Argument eines einstelligen Verbs erscheint wie in
(12a) im formal unmarkierten Kasus, dem Nominativ oder **Absolutiv**. Bei einstelligen Verben folgt die Kasuswahl in Ergativ- und
Nominativsprachen demselben formalen Prinzip: Der jeweils formal unmarkierte Kasus wird selegiert. Anders verhält es sich bei
mehrstelligen Verben, wie in (12b). Der Agens-Prototyp erscheint
in einem formal komplexeren Kasus, dem **Ergativ**. In (12b) ist das
Ergativsuffix -cca. Der Patiens-Prototyp yas ,das Mädchen' erscheint in (12b) wie das einzige Argument des intransitiven Verbs
in (12a) im formal einfachen Absolutiv.

Die Beispiele in (12) illustrieren auch die ergativische Verbkongruenz im Awarischen. Das Prädikat kongruiert in der nominalen
Klasse (vgl. C2 in den Glossen) mit dem Absolutivargument und
nicht mit dem Ergativargument. In den deutschen Übersetzungen
kongruiert das Prädikat mit dem Nominativargument und nicht mit
dem Akkusativargument.

Was die Grundabfolge der Argumente betrifft, so geht in vielen
Ergativsprachen das Agens dem Patiens voran, wie in (12b) gezeigt.
Diese Grundabfolge findet man auch in Nominativsprachen wie
dem Deutschen. Wir fassen den Unterschied zwischen der Nomina-
tiv- und der Ergativkonstruktion wie folgt zusammen:

	Agens-Prototyp	Patiens-Prototyp
Nominativkonstruktion	Nominativ	Akkusativ
Ergativkonstruktion	Ergativ	Absolutiv

Tabelle 1. Nominativ- versus Ergativkonstruktion

In Nominativsprachen haben wir bei unakkusativen Verben eine
Situation, die der oben beschriebenen Ergativkonstruktion nahe
kommt. Ein Verursacher erscheint in einem formal komplexeren
Kasus, dem Dativ, und das Patiens im Nominativ. Vgl. das Bsp.
(10a) weiter oben: *Heute ist dem Opa eine teure Vase zerbrochen.*
Ein wesentlicher Unterschied zur Ergativkonstruktion in Erga-

tivsprachen bleibt dennoch bestehen. Der Dativ zeigt in der deutschen Konstruktion die Absenz von Handlungskontrolle an. In Ergativsprachen zeigt hingegen der Ergativ die Präsenz von Handlungskontrolle an. Auch in manchen Ergativsprachen gibt es eine Dativsubjektkonstruktion, die unter ähnlichen Bedingungen wie im Deutschen gewählt wird, nämlich dann, wenn Handlungskontrolle ausgeschlossen ist. Aus den genannten Gründen sind Dativsubjektkonstruktionen typologisch weder ergativisch noch nominativisch. Dass manche Forscher Konstruktionen wie (10a) als *ergativ* bezeichnen, ist daher aus typologischer Perspektive irreführend.

Wir fassen zusammen: Ausschlaggebend für den diskutierten typologischen Unterschied ist die morphosyntaktische Kodierung des Agens- und Patiens-Prototyps bei zwei- oder mehrstelligen Prädikaten (morphosyntaktische Ergativität). Bei anderen Rollenkonstellationen und hinsichtlich anderer grammatischer Erscheinungen, z. B. der Grundabfolge, ist der Unterschied weniger ausgeprägt. Morphosyntaktische Ergativität hinsichtlich Kasusrektion oder Verbkongruenz ist eine hinreichende Bedingung, um eine Sprache im Rahmen der relationalen Typologie als ergativisch zu klassifizieren. Damit ist bezüglich der Einordnung anderer grammatischer Erscheinungen in dieser Sprache noch nichts festgelegt.

3.4 Proto-Patiens

Bereits in Standardfällen zeigt sich, dass das Patienskonzept mehrdimensional ist. Kausale Affiziertheit und Zustandsveränderung sind eigenständige Patienskomponenten. Es gibt Verben, die nur die Zustandsveränderung eines Partizipanten implizieren (z. B. einstelliges *schmelzen, einfrieren, verblühen* oder *verdorren*). Wiederum gibt es Verben wie *berühren*, *kämmen* oder *küssen*, die nur die kausale Affiziertheit des zweiten Partizipanten implizieren. Solche Verben sind semantisch mindestens zweistellig, da sie einen weiteren Partizipanten als Verursacher und eine kausale Dependenz des Patiens vom Agens voraussetzen. Schließlich gibt es Verben wie *öffnen* und *schreiben*, deren zweiter Partizipant eine physisch manifeste kausale Affiziertheit und Zustandsveränderung erfährt. Diese Rolle bildet den Patiens-Prototyp, wie bereits in Kap. 3.1 erläutert.

Damit sind die Varianten der Patiensrolle nicht erschöpft, so dass man Dowty (1991) folgend von **Proto-Patiens** sprechen kann. Zu den patiensähnlichen Rollen gehört der **Besitzgegenstand** (auch

Possessum) einer Besitzrelation, wie z. B. *einen/ein Weinberg* in (13a, b):

(13) a. Der Opa besitzt einen Weinberg.
      b. Dem Opa gehört ein Weinberg.

Die Besitzrelation (vgl. Shin 2004, Businger 2011) gehört zur Familie der **Pertinenz**-Relationen, die mehrere Subtypen aufweisen. Eine wichtige semantische Unterscheidung ist die zwischen **veräußerbarem** (engl. *alienable*) und **unveräußerbarem** (engl. *inalienable*) Besitz. Erwerben oder veräußern und somit kontrollieren kann man nur einen veräußerbaren Besitzgegenstand. Eine unveräußerbare Zugehörigkeit liegt u. a. bei einer Teil-Ganzes-Relation vor, die z. B. zwischen einer Person und ihren Körperteilen oder zwischen einem Haus und seinen Teilen besteht. Die Verben *gehören, besitzen* und *haben* weisen ein unterschiedliches Lesartenspektrum auf. *Gehören* hat in der hier diskutierten Dativkonstruktion die engste Bedeutung und bezeichnet eine veräußerbare Besitzrelation (vgl. (13b)). Seine Verwendung für unveräußerbare Zugehörigkeit, wie in den Beispielen (14a, b), ist unangemessen:

(14) a. [#]Dem Einbrecher gehört nur ein Arm.
      b. [#]Dem Haus gehört nur eine Tür.

Wie schon mehrfach erwähnt, argumentieren wir lesartenbezogen. (14a) ist nur in der unveräußerbaren Zugehörigkeitslesart unangemessen. Falls wir mit *nur einen Arm* einen verloren geglaubten Arm der Venus von Milo meinen, den der Einbrecher veräußerbar besitzt, dann ist (14a) angemessen.

Das Verb *besitzen* ist bezüglich der besprochenen Unterscheidung semantisch vage und kann veräußerbare (vgl. (13a)) sowie unveräußerbare Zugehörigkeit (vgl. (15)) bezeichnen:

(15) a. Der Einbrecher besitzt ein gutes Gedächtnis.
      b. Das Haus besitzt nur eine Tür.

Am wenigsten spezialisiert ist die Bedeutung des Verbs *haben*, das nicht nur für verschiedene Zugehörigkeitsrelationen, wie in (16a-c), sondern auch als semantisch merkmalloses Vollverb, wie in (16d-e), verwendet werden kann:

(16) a. Opa hat einen Weinberg.
      b. Der Einbrecher hat nur einen Arm.
      c. Das Haus hat nur eine Tür.
      d. Opa hat Angst vor Einbrechern.
      e. Opa hat Glück.

Wir erinnern uns in diesem Zusammenhang an die Informativitäts-maxime (vgl. Kap. 1.4). Einem höheren Lebewesen, wie in (16a), schreiben wir, wenn es die Umstände nahelegen, Kontrolle und so-mit eine veräußerbare Besitzrelation zu. Auch für (16b) lassen sich (zugegebenermaßen außergewöhnliche) Umstände finden, die Kon-trolle und mithin eine veräußerbare Besitzlesart nahelegen, wie in Zusammenhang von (14a) weiter oben erwähnt. Das Vorliegen ei-ner Kontrollfähigkeit erklärt den in der Forschung häufig erwähnten Belebtheitseffekt bei Besitzrelationen. Einem unbelebten Objekt, wie in (16c), können wir (Märchenwelten mit belebten Häusern ausgenommen) keine Kontrolle zuschreiben, womit wir (16c) nicht im Sinne einer veräußerbaren Besitzrelation deuten können. Dies gilt auch für (14b) und (15b).

Die Patiensrolle hat weitere Varianten. Patiensähnlich ist auch der Gegenstand eines psychischen Zustands (auch **Stimulus** oder Thema), wie in (17):

(17) a. Der Opa mag guten Wein.
  b. Dem Opa schmeckt guter Wein.
  c. Den Opa wundert es, dass Oma keinen Wein trinkt.

In Kap. 2.3 haben wir psychische Zustände unter Sentience zusam-mengefasst. Jeder Gegenstand eines psychischen Zustands setzt ei-nen Zustandsträger (Experiencer) voraus, den wir in Kap. 2.3 als agensähnlich klassifizierten. Während die agentivische Natur des Experiencers vielfach akzeptiert ist (vgl. Dowty 1991, Schlesinger 1992, Croft 1993, Primus 2004, Kutscher 2009), ist die Einordnung des Gegenstandes als agens- oder patiens-ähnlich umstritten. Wie die Bezeichnung *Stimulus* für den Gegenstand eines psychischen Zustands nahe legt, nehmen manche Forscher an, dass der Stimulus den psychischen Zustand des Experiencers verursacht.

Die psycholinguistische experimentelle Evidenz für die Verursa-cherrolle des Stimulus scheint zunächst überzeugend (vgl. Ru-dolph/Försterling 1997, Wegener 1999, Härtl 2001). Sie basiert auf Experimenten mit Kausalzuschreibungen, wie z. B. *Es liegt an x/y, dass x y mag.* In solchen Experimenten wird der Stimulus unabhän-gig von seiner syntaktischen Funktion öfter als Verursacher genannt als der Experiencer, z. B. *Es liegt an Peter, dass Maria ihn mag.* Allerdings ist fraglich, ob mit dieser Methode eine agensbezogene Verursachung elizitiert wird (vgl. auch Schlesinger 1992).

Einen deutlichen Hinweis, dass dies nicht der Fall ist, liefern Experimente, in denen auch Interaktionsverben, wie z. B. *helfen* oder *loben*, getestet wurden. Bei diesen Verben reagiert das Agens, z. B. der Lobende, auf eine implizite Handlung des anderen Partizipanten, z. B. des Gelobten, der etwas Lobenswertes getan hat. Bei Interaktionsverben gilt die statistisch höhere Kausalzuschreibung dem Interaktionspartner und nicht dem Agens, z. B. *Maria half Peter, weil er hilfsbedürftig ist* und seltener *Maria half Peter, weil sie hilfsbereit ist*. Dies ist ein überraschender, für psychische Prädikate zu wenig beachteter Befund, weil das Agens unumstritten der direkt beteiligte Urheber der vom Verb bezeichneten Situation ist. So kann z. B. nur die Aktivität des Agens, nicht jedoch die des Interaktionspartners als *loben* bezeichnet werden. Dass in den Experimenten dennoch nicht dem Agens, sondern dem Interaktionspartner die Verursachung oder Verantwortlichkeit häufiger zugesprochen wird, lässt sich wie folgt erklären. Bei Kausalzuschreibungen dieser Art wird ein nennenswerter kausaler Faktor bevorzugt als Ursache des Geschehens präsentiert. Da die Kontrolle und Aktivität eines Agens mit dem vom Verb bezeichneten Geschehen semantisch verknüpft sind, d. h. dieses Geschehen als solches bestimmen, ist eine agenstypische Eigenschaft als Ursache nicht nennenswert.

Wir halten fest: Während ein Experiencer den vom Prädikat bezeichneten Zustand herbeiführt, indem er eine mentale Repräsentation und ggf. auch eine Bewertung des Gegenstands erzeugt oder seine Aufmerksamkeit darauf lenkt, ist es fraglich, ob der Gegenstand eines psychischen Zustands ebenfalls als agentivischer Verursacher aufgefasst werden kann.

Was die syntaktische Realisation von Experiencer und Gegenstand eines psychischen Zustands betrifft, so fällt die Kasusvariation auf. So kann im Deutschen der Experiencer im Nominativ und der Gegenstand des psychischen Zustands im Akkusativ, wie bei *mögen* in (17a), realisiert werden. Es gibt aber auch Verben wie *schmecken* in (17b), die dem Experiencer den Dativ und dem Gegenstand des psychischen Zustands den Nominativ zuweisen. Schließlich gibt es Verben wie *wundern* in (17c), die dem Experiencer den Akkusativ und dem Gegenstand des psychischen Zustands den Nominativ zuordnen. Eine vergleichbare Variation bleibt bei Handlungsverben mit einem Agens- und Patiens-Prototypen aus. Für diese Rollen gelten das Agens-Subjekt-Prinzip und das Patiens-Objekt-Prinzip.

In einigen Arbeiten wird die Kasusvariation bei psychischen Prädikaten dadurch erklärt, dass sowohl der Gegenstand des psychischen Zustands als auch der Experiencer agentivische Rollen sind, die einen gleichberechtigten Anspruch auf die Realisierung als Nominativsubjekt erheben (z. B. Dowty 1991, Croft 1993, Kutscher 2009 für verschiedene Sprachen). Der Gegenstand ist agentivisch, insoweit er den psychischen Zustand des Experiencers verursacht, während der Experiencer sich durch Sentience oder durch eine ähnliche agentivische Komponente auszeichnet.

Es gibt allerdings auch eine alternative Erklärung der Kasusvariation bei psychischen Prädikaten (vgl. Primus 1999, 2004, Blume 2000). Diese Erklärung ist nicht darauf angewiesen, den Gegenstand aller psychischen Zustände als Verursacher zu klassifizieren. Die variable Kasusrealisation bei psychischen Prädikaten mit schwach ausgeprägten Agens- und Patiensrollen, wie die in (17) illustrierten, erklärt sich dadurch, dass schwach ausgeprägte Rollen dem Agens-Subjekt-Prinzip und Patiens-Objekt-Prinzip nicht unterliegen. Diese Prinzipien gelten nur für ein kontrollfähiges Agens und ein physisch affiziertes oder verändertes Patiens. Der Vorteil dieser Erklärung ist, dass sie sich auch für Besitzverben und auch für andere Rollen anbietet, die ebenfalls schwach ausgeprägt sind und Kasusvariation aufweisen (vgl. (13a) vs. (13b)).

In diesem Abschnitt haben wir schwach ausgeprägte Rollen behandelt. Allerdings sind nicht alle psychischen Prädikate vom selben semantischen Typ wie die hier diskutierten. So haben wir in Kap. 2.1 psychische Verben wie *betrachten* oder *anschauen* erwähnt, deren Nominativsubjekt ein kontrollfähiges Agens kodiert.

Aufgabe 9. Überprüfen Sie anhand von Tests und Proto-Rollen-Kriterien, ob die psychischen Prädikate in (a) – (c) ein kontrollfähiges Agens oder einen Experiencer in Subjektfunktion aufweisen:
(a) *Opa staunt über den neuen Motorroller.*
(b) *Oma schwärmt für Liebesromane.*
(c) *Die Nachbarin ignoriert Oma.*
Aufgabe 10. Es gibt Zusammensetzungen wie *Wetterbeobachter*, deren Konstituenten mit semantischen Rollen assoziiert werden: *Wetterbeobachter* ‚jemand (Agens), der das Wetter (Patiens) beobachtet'. Bestimmen Sie die Rollen in den folgenden Zusammensetzungen anhand der Kriterien, die in Kap. 2 und 3 entwickelt wurden: *Obstverkäufer, Rasenmäher, Wäschetrockner, Hausbesitzer, Alleswisser, Frauenhasser*

3.5 Zusammenfassung

Das Patienskonzept ist – wie der Agensbegriff – mehrdimensional. So kann man analog zu Proto-Agens von Proto-Patiens sprechen und zwischen Patiens-Prototyp und schwach ausgeprägten Patiensrollen unterscheiden. Bereits in Standardfällen erweisen sich kausale Affiziertheit und Zustandsveränderung als eigenständige Patienskomponenten. Wenn ein Partizipant sowohl eine physische Affiziertheit als auch eine physische Zustandsveränderung erfährt, liegt ein Patiens-Prototyp vor. Für den Patiens-Prototyp, der zusammen mit einem kontrollfähigen Agens seligiert wird, gilt für Nominativsprachen wie das Deutsche ein Agens-Subjekt- und ein Patiens-Objekt-Prinzip. Für diese Rollenkonstellation gilt in Ergativsprachen ein Agens-Ergativ- und Patiens-Absolutiv-Prinzip.

Zu physisch manifester kausaler Affiziertheit und Zustandsveränderung kommen weitere Patiensdimensionen hinzu. Es handelt sich um den Besitzgegenstand und den Gegenstand eines psychischen Zustands (auch Stimulus oder Thema). Diese Rollen sind bei den behandelten Zustandsverben schwach ausgeprägt, da ihnen physische Affiziertheit und Zustandsveränderung fehlen. Das variable Kasusmuster, das man bei diesen Zustandsverben vorfindet, lässt sich dadurch erklären, dass schwach ausgeprägte Rollen den Zuordnungsprinzipien Agens-Subjekt und Patiens-Objekt für Nominativsprachen (bzw. Agens-Ergativ und Patiens-Absolutiv für Ergativsprachen) nicht unterliegen. Auch die vorgestellten Agens- und Patiens-Tests sind für schwach ausgeprägte Rollen unzuverlässiger oder nicht anwendbar.

Wir fassen die Proto-Agens- und Proto-Patiens-Dimensionen für Prädikate mit mindestens zwei Ko-Argumenten, x und y, wie folgt zusammen (zu den Proto-Agens-Dimensionen vgl. auch Kap. 2.3):

Proto-Agens-Dimensionen	Proto-Patiens-Dimensionen
x kontrolliert die vom Prädikat bezeichnete Handlung, in der x und y involviert sind	
x verursacht die vom Prädikat bezeichnete Situation, in der x und y involviert sind	y ist von x in der vom Prädikat bezeichneten Situation kausal affiziert
x manipuliert y physisch in der vom Prädikat bezeichneten Situation	y ist von x in der vom Prädikat bezeichneten Situation physisch manipuliert
x ist Experiencer von y in der vom Prädikat bezeichneten Situation	y ist Gegenstand des psychischen Zustands von x in der vom Prädikat bezeichneten Situation (auch Stimulus, Thema)
x ist in Besitz von y in der vom Prädikat bezeichneten Situation	y ist Besitzgegenstand von x in der vom Prädikat bezeichneten Situation (auch Possessum)

Tabelle 2. Agens- und Patiens-Dimensionen bei zwei Ko-Agumenten

Wie die Tabelle 2 verdeutlicht, setzen alle Patiensdimensionen außer den aktionsartbezogenen in Tabelle 3 zwei Partizipanten voraus, die jeweils in einer konversen Relation zueinander stehen. Auf diese Weise lässt sich der Begriff der Affiziertheit (auch Betroffenheit), der das Patiens in den meisten Ansätzen charakterisiert, präzisieren. Die Patiensdimension der kontrollbezogenen Affiziertheit fehlt hier, da sie selten eingeführt wird (vgl. jedoch Primus 1999, Eisenberg 2006). Alternative Bezeichnungen für Patiens-Rollen erscheinen in Klammern.

Hinzu kommen zwei aktionsartbezogene Patiens-Dimensionen, die sowohl bei ein- auch als auch bei mehrstelligen Prädikaten vorkommen. Die Dimension der inkrementellen Affiziertheit werden wir in Kap. 5.2 besprechen:

- Der Partizipant erfährt eine Zustandsveränderung in der vom Prädikat bezeichneten Situation (Thema)
- Der Partizipant ist inkrementell affiziert (inkrementelles Thema, vgl. Kap. 5.2)

Grundbegriffe: Patiens, Zustandsveränderung, Affiziertheit (auch Betroffenheit), Thema, unakkusatives (auch ergatives) Verb, Ergativ, Absolutiv, Proto-Patiens, Besitzgegenstand (auch Possessum), Pertinenzrelation, veräußerbarer vs. unveräußerbarer Besitz, psychischer Zustand, Gegenstand eines psychischen Zustands (auch Stimulus oder Thema)

Weiterführende Literatur: Dik (1978), Dowty (1991), Primus (1999), Eisenberg (2006).

4 Rezipient und verwandte Rollen

Zunächst werden wir die Standardfälle, in denen eine Rezipientrolle vorkommt (Kap. 4.1), sowie deren kasusbezogene syntaktische Realisierung betrachten (Kap. 4.2). Anschließend widmen wir uns strukturellen Rollenkonzepten (Kap. 4.3). Wer sich für formale Semantik nicht interessiert, dann dieses Unterkapitel überspringen. Es folgen Überlegungen zur Grundabfolge der Verbargumente (Kap. 4.4) und zu semantischen Rollen, die der Dativ im Deutschen anzeigt (Kap. 4.5).

4.1 Standardfälle

Der **Rezipient** im engeren Sinn ist der Empfänger einer Entität oder Information bei Verben, die den Transfer eines Besitzgegenstandes oder einer Information bezeichnen. Wir besprechen zunächst die Besitzrelationen in (1):

(1) a. Max schenkte seinem Opa einen Motorroller.
     b. Opa nahm seinem Enkel den Roller freudig ab.
     c. Oma strickte daraufhin ihrem Enkel einen Pulli.

Charakteristisch für einen Rezipienten ist, dass er im Zuge des vom Prädikat bezeichneten Ereignisses zum Besitzer einer Entität wird. Diese Konstellation erfüllt das Dativargument vieler Verben, die einen Besitzwechsel implizieren, wie etwa *schenken*, wie in (1a), *jemandem etwas verschenken*, *geben*, *verkaufen*, *überweisen*, *leihen*, *vermieten*, *verpachten*, *schicken* oder *spenden*. Der Besitzwechsel ist in einigen Fällen lediglich beabsichtigt, z. B. bei *anbieten*. Manche Verben, wie etwa *jemandem etwas schulden*, *jemandem etwas erlassen*, *jemandem etwas vorenthalten*, bezeichnen das Unterlassen oder Nicht-Zustandekommen eines Besitzwechsels. Dabei muss die Besitzrelation nicht juristisch verstanden werden. Es kann sich auch um eine semantisch vagere Verfügbarkeit über den Besitzgegenstand handeln (vgl. zur Besitzrelation Kap. 3.4). Der Partizipant im Dativ, der als Vorbesitzer einen Besitzverlust erleidet, wie in (1b) bei *abnehmen* oder bei *nehmen*, *ausleihen* und *stehlen*, wird als **Quelle** näher eingegrenzt (z. B. Zifonun et al. 1997) oder dem Rezipienten zugeschlagen (z. B. Wegener 1985). Bei *geben* und *nehmen* liegt eine unterschiedliche Perspektivierung vor: Verben vom Typ *geben* beschreiben den Sachverhalt aus der Perspektive des kontrollfähigen Agens des Besitzwechsels, der zugleich Vorbesitzer ist. Verben vom Typ *nehmen* beschreiben den

Sachverhalt aus der Perspektive des Nachbesitzers, der den Besitzwechsel kontrollieren kann. Die unterschiedliche Perspektivierung erkennt man daran, dass sich eine Modalangabe wie *freiwillig* oder *freudig* auf den Vorbesitzer bei *geben* und auf den Nachbesitzer bei *nehmen* bezieht: *Max gab dem Opa freiwillig/freudig seinen Roller; Opa nahm den Roller freiwillig/freudig von Max.*

Auch (1c) hat eine Lesart, bei der es um eine Inbesitznahme geht: Oma strickt einen Pulli, um ihn ihrem Enkel zur Verfügung zu stellen. In solchen Fällen wird die Rolle des Dativarguments in einigen Arbeiten als **Benefaktiv** abgesondert.

Als Rezipient wird meistens auch der Empfänger der Information bei Kommunikationsverben wie *erzählen, sagen, mitteilen, schreiben* oder *vorlesen* bestimmt. Gelegentlich wird diese Rolle als **Adressat** näher eingegrenzt:

(2) a. Oma erzählte alles der Nachbarin.
     b. Opa musste daraufhin der Nachbarin den Motorroller vorführen.

Charakteristisch für einen Adressaten ist, dass er im Zuge des betreffenden Ereignisses zum Experiencer, in den meisten Fällen zum Wahrnehmenden und Wissenden, wird. Diese Rolle übernimmt auch das Dativargument von *vorführen* in (2b) und anderer Verben wie etwa *zeigen, demonstrieren, vorspielen* oder *vorsingen*.

Wir halten als Zwischenergebnis fest: In den Standardfällen kann man den Rezipienten als Besitzer oder Experiencer charakterisieren, dessen Besitz- oder Sentience-Zustand sich im Zuge des Ereignisses verändert und von einem anderen Partizipanten verursacht wird. Aufgrund der bisherigen Ausführungen zu den Agens- und Patiens-Dimensionen (Kap. 2.3 und 3.4) können wir den Rezipienten als einen Fall von hybrider Rollenkumulation bestimmen: Als Besitzer oder Experiencer hat er eine agentivische Komponente, seine Zustandsveränderung und kausale Affiziertheit hingegen weisen ihn als patiensähnlich aus. Was ihn von einem typischen Patiens trennt, ist, dass er keine physische Veränderung oder Affiziertheit erfährt. Mehrdimensionale Ansätze haben mit einer hybriden Rollen keine Probleme. Schwierig zu fassen sind hybride Rollen hingegen in Ansätzen, die mit eindimensionalen Rollen arbeiten und davon ausgehen, dass jedem syntaktischen Argument genau eine semantische Rolle zukommt (vgl. das Rollenkriterium in Kap. 1.2). Aufgrund seiner hybriden Eigenschaften überrascht es nicht, dass der Rezipient unter diversen Bezeichnungen (auch Ziel oder **Dativ**) von manchen Linguisten als agensähnlich und von anderen (der Mehrheit) als patiensähnlich eingestuft wird. Zu den Schwierigkeiten, ihn semantisch einzuordnen, kommt hinzu, dass er im Deutschen und anderen Sprachen syntaktisch sehr variabel realisiert wird.

4.2 Kasusbezogene syntaktische Realisation

Der Rezipient kann, wie in den Beispielen (1a) – (1c) gezeigt, als indirektes Objekt im Dativ realisiert werden. Bei den Verben *bekommen, erhalten* und *kriegen* ist der Rezipient allerdings das Subjekt:

(3)　　Max bekam von Opa einen rührenden Dankesbrief.

Diese Verben können als Hilfsverben verwendet werden und mit einem anderen Vollverb im Perfektpartizip ein **Rezipientenpassiv** bilden (vgl. Reis 1985, Leirbukt 1997, Zifonun et al. 1997: 1824f.):

(4)　　Opa bekam von Max einen Motorroller geschenkt.

Als Variante des Dativs erscheint im Deutschen und anderen Sprachen, z. B. Englischen, ein Präpositionalobjekt (vgl. eingehender Kap. 5.2):

(5)　　a.　Max verschenkte seinen Roller an Opa.
　　　　b.　Max gave his scooter to grandpa.
　　　　c.　Opa nimmt von Max jedes Geschenk an.

Es gibt auch Verben, bei denen der Rezipient als direktes Objekt im Akkusativ kodiert wird:

(6)　　a.　Max versorgt seine Großeltern mit Getränken.
　　　　b.　Die Polizei fordert den Einbrecher auf, sich zu ergeben.
　　　　c.　Die Polizei bezichtigt den Einbrecher der schweren Körperverletzung.

Als direktes Objekt erscheint der Rezipient auch in der Doppelobjektkonstruktion in (7), die im Englischen häufig und im Deutschen selten vorkommt:

(7)　　a.　Max gave grandpa his scooter.
　　　　b.　Der Lehrer fragte den Schüler die Vokabeln ab.

4.3 Strukturelle Rollenauffassung

Wie in Kap. 4.1 gezeigt, kann man den Rezipienten als Besitzer oder Experiencer charakterisieren, dessen Zustand sich im Zuge des Ereignisses verändert und bei Verben vom Typ *geben* von einem anderen Partizipanten verursacht wird. Mithin ist der Rezipient eine hybride Rolle: Als Besitzer oder Experiencer hat er eine agentivische Komponente, seine Zustandsveränderung und kausale Affiziertheit hingegen weisen ihn als patiensähnlich aus. Den hybriden Charakter der Rezipientrolle kann ein Proto-Rollen-Ansatz, aber auch das strukturelle Modell von Dieter Wunderlich (1997, 2002) erklären. Wunderlich verwendet die Methode der semantischen Dekomposition (vgl. auch Bierwisch 1989, Kunze 1991, Levin 1993, Ehrich/Rapp 2000, VanValin/LaPolla 1997, Primus 1999, Levin/Rappaport Hovav 2005). Verbbedeutungen werden bei dieser Methode anhand von logisch-mathematischen Prädikat-Argumentstrukturen modelliert (vgl. einführend Zifonun et al. 1997: 969f., Löbner 2003, Kap. 7.4). Wunderlich liefert folgende lexikalische Repräsentation von *geben*:

(8) Semantische Form

$$\overbrace{\lambda z \lambda y \lambda x[\underbrace{\text{CAUSE}(x, \text{BECOME}(\text{POSS}(y, z)))]}}$$

Theta-Struktur

Eine Struktur dieser Art wird wie folgt interpretiert. Prädikate sind relationale Ausdrücke, deren offene Stellen mit Individuenvariablen wie x und y notiert werden, und zwar nach dem Schema PRÄDIKAT(x) für einstellige Prädikate, PRÄDIKAT(x, y) für zweistellige Prädikate usf. Ein solches Prädikat ist in (8) POSS(y, z), das die vom Verb *geben* implizierte Besitzrelation erfasst. Die Operatoren CAUSE und BECOME haben eine komplexere relationale Struktur. Der Operator BECOME notiert Veränderungen, wobei vereinfachend nur der resultierende Zustand oder Prozess festgehalten wird. BECOME(POSS(y, z)) in (8) zeigt an, dass im Zuge des Ereignisses eine Besitzrelation zwischen y und z entsteht. Das Kausativprädikat CAUSE wird als zweistellige Relation aufgefasst, deren erste Stelle eine Individuenvariable x und deren zweite Stelle ein Propositionsschema ist, in unserem Beispiel BECOME(POSS(y, z)). Die Formel CAUSE(x, BECOME(POSS(y, z))) interpretiert man also wie folgt: x verursacht, dass y in den Besitz von z kommt. Wunderlich verwendet CAUSE wie üblich für eine Kausativrelation, bei der ein Agens eine Zustandsveränderung bei einem anderen Partizipanten hervorruft (vgl. Kap. 2.1).

Aufgrund solcher Strukturen lassen sich die traditionellen semantischen Rollen als rein strukturelle Begriffe wie folgt definieren und somit durch diese ersetzen: Das Agens ist erstes Argument von CAUSE, der Besitzer erstes Argument von POSS und der Besitzgegenstand zweites Argument von POSS.

Wunderlich verzichtet auf diesen direkten Weg und spaltet die semantische Repräsentation eines Verbs in zwei Komponenten. Die semantische Form enthält neben Zahl und struktureller Hierarchie der Argumente auch qualitative Bedeutungsaspekte wie CAUSE, POSS und BECOME. Die **Theta-Struktur** ist abstrakter und notiert mit Hilfe des **Lambda-Operators** λ lediglich die Zahl und strukturelle Hierarchie der Argumente. Die Reihenfolge der Argumentvariablen in der Theta-Struktur ist spiegelbildlich zu deren Abfolge in der semantischen Form (die Gründe für diese Notationskonvention brauchen uns hier nicht zu beschäftigen, vgl. Zifonun et al. 1997: 969f.). Eine wichtige Annahme von Wunderlich ist, dass sich die Zuordnung syntaktischer Funktionen – das Linking in seiner Terminologie – nur auf die Theta-Struktur bezieht. Damit ist die Annahme verbunden, dass für diese Zuordnung nur strukturelle rollensemantische Information zählt.

Die traditionellen semantischen Rollen werden nicht benötigt. Relevant für das Linking ist nur die strukturelle Relation der Theta-Rollen zueinander. Diese Relationen werden durch folgende Merkmale definiert ([hr] steht für engl. *higher*, [lr] für *lower*):

(9) [+/–hr] es gibt eine/keine höhere Theta-Rolle in der Theta-Struktur
    [+/–lr] es gibt eine/keine niedrigere Theta-Rolle in der Theta-Struktur

Daraus ergibt sich, dass das einzige Argument einstelliger Verben als [–hr,–lr] bestimmt wird, da es in der Theta-Struktur weder eine höhere noch eine niedrigere Rolle gibt. Vgl. (10a) am Beispiel von *schlafen*. Zweistellige Verben wie *sehen* und dreistellige Verben wie *zeigen* haben andere Theta-Rollen, wie in (10b, c) illustriert.

(10) a. $\lambda x[\text{SLEEP}(x)]$ x hat die Theta-Rolle [–hr,–lr]
       b. $\lambda y\lambda x[\text{SEE}(x, y)]$ y hat die Theta-Rolle [+hr,–lr]
                                       x hat die Theta-Rolle [–hr,+lr]
       c. $\lambda z\lambda y\lambda x[\text{CAUSE}(x, (\text{SEE}(y, z)))]$ z hat die Theta-Rolle [+hr,–lr]
                                       y hat die Theta-Rolle [+hr,+lr]
                                       x hat die Theta-Rolle [–hr,+lr]

In unserem Zusammenhang interessiert uns insbesondere das hierarchisch mittlere Argument y, das traditionellerweise als Rezipient aufgefasst wird. Auch in Wunderlichs Modell hat diese Rolle einen hybriden Charakter. Sie teilt mit dem Agensargument x das Merkmal [+lr], da es für beide Argumente mindestens eine hierarchisch niedrigere Rolle gibt. Mit dem Patiensargument z teilt sie das Merkmal [+hr], da es für beide mindestens eine höhere Rolle gibt.

Die syntaktischen Funktionen (Linker) werden ebenfalls durch die Merkmale [+/–hr] und [+/–lr] wie folgt definiert (wir haben auf den Ergativ, den Wunderlich mitbehandelt, verzichtet):

(11) Dativ: [+hr,+lr]
     Akkusativ: [+hr]
     Nominativ: [ ]

Das Linking zwischen Theta-Rollen und Kasusfunktionen kann auf dieser Grundlage als Merkmalskompatibilität aufgefasst werden. Bei einem einstelligen Verb ist nur der merkmallose Nominativ mit der Theta-Rolle [–hr,–lr] kompatibel:

(12) $\lambda x[\text{SLEEP}(x)]$
     x: Theta-Rolle [–hr,–lr]   Nominativ [ ]

Bei mehrstelligen Verben kommen verschiedene Kasus für manche Theta-Rollen in Frage. Dieser Konfliktfall wird durch ein Spezifizitätsprinzip geregelt: Ein spezifischerer, merkmalsreicherer Linker hat Vorrang über einen weniger spezifischen, merkmalsärmeren. Wir illustrieren den Linkingmechanismus für ein dreistelliges Verb wie *zeigen* (*geben* hat dieselben Theta-Rollen und dasselbe Linkingverhalten):

(13) $\lambda z\lambda y\lambda x[\text{CAUSE}(x, (\text{SEE}(y, z)))]$
     z: Theta-Rolle [+hr,–lr]   Nominativ [ ] oder **Akkusativ** [+hr]
     y: Theta-Rolle [+hr,+lr]   Nominativ [ ], Akkusativ [+hr] oder
                                            Dativ [+hr, +lr]
     x: Theta-Rolle [–hr,+lr]   **Nominativ** [ ]

Aufgrund des Spezifizitätsprinzips setzt sich im Konfliktfall der merkmalsreichste kompatible Kasus durch. In (13) ist dies jeweils der zuletzt angegebene, fett gedruckte Kasus.

Auf diese Weise erklärt Wunderlich das kanonische syntaktische Muster der Verben im Deutschen: Einstellige Verben haben ein Nominativsubjekt, zweistellige Verben ein Nominativsubjekt für x und ein Akkusativobjekt für y, dreistellige Verben ein Nominativsubjekt für x, ein Dativobjekt für y und ein Akkusativobjekt für z. Für nicht-kanonische Linkingmuster, wie etwa für *helfen* mit einem Dativobjekt anstelle eines Akkusativobjekts, werden im Lexikon die Theta-Rollenmerkmale des zweiten Arguments anders charakterisiert. Während bei *sehen* das zweite Argument seine Theta-Merkmale [+hr,–lr] gemäß der Theta-Struktur erhält, werden sie für das zweite Argument y von $\lambda y\lambda x[\text{HELP}(x, y)]$ im Lexikon als [+hr,+lr] festgelegt, womit dieser Rolle der Dativ zufällt.

Wunderlichs Ansatz löst einige rollensemantische Probleme auf eine einfache und überzeugende Art und Weise. Das Rolleninventar wird mithilfe zweier Merkmale mit zwei Werten auf vier reduziert. Somit können mehrere Rollen zu einer zusammengefasst werden. Auch kann der hybride Charakter des Rezipienten erklärt werden: Ein Rezipient teilt mit dem Agensargument das Merkmal [+lr], da es für beide Argumente mindestens eine hierarchisch niedrigere Rolle in der Theta-Struktur gibt. Mit dem Patiensargument teilt ein Rezipient das Merkmal [+hr], da es für beide Rollen mindestens eine höhere Rolle gibt. Des Weiteren muss Wunderlich kein separates formales Subjektprinzip formulieren (vgl. Kap. 2.2), sondern kann dieses aus der Merkmalslosigkeit des Nominativs ableiten. Wenn nichts anderes im Lexikon angegeben wird, erhält mindestens eine Theta-Rolle den merkmalslosen Nominativ. Die relative Grundabfolge der Verbargumente kann aus der Theta-Struktur abgeleitet werden: Eine höhere Rolle geht einer niedrigeren voran.

In Wunderlichs Ansatz verletzen Expletiva und implizite Argumente das Argumentkriterium, das er mit Bezug zur Theta-Struktur formuliert, nicht (vgl. Kap. 1.2). Für Expletiva führt er eine Theta-Rolle ohne entsprechende Variable in der semantischen Form ein, also für *regnen* z. B. $\lambda x[\text{RAIN}]$. Implizite Argumente haben umgekehrt eine Variable in der semantischen Form, denen keine Theta-Rolle entspricht, wie z. B. $\lambda x[\text{READ}(x, y)]$ für *lesen* ohne Akkusativobjekt.

Trotz dieser Vorteile ist Wunderlichs Ansatz mit Schwierigkeiten konfrontiert. Einige rühren daher, dass er Informationen, die in der semantischen Form erscheinen, als grammatisch irrelevant erachtet. So haben unakkusative und kanonische intransitive Verben (*einschlafen* vs. *schlafen*) bei Wunderlich dieselbe Theta-Struktur, da sie nur ein semantisches Argument aufweisen. Damit müssten sie sich gleich verhalten. Wie in Kap. 3.1 erläutert, trifft dies nicht zu. Wir erinnern daran, dass wir das Argument unakkusativer Verben als Nominativobjekt klassifizierten. Die semantische Form, die Wunderlich für die unakkusativen Verben annimmt, enthält den BECOME-Operator, z. B. für *einschlafen* $\lambda x[\text{BECOME}(\text{SLEEP}(x))]$. Damit notiert er in Einklang mit anderen Forschern, dass diese Verben eine Veränderung implizieren. In der semantischen Form besteht also ein Unterschied zwischen unakkusativen und kanonischen intransitiven Verben (vgl. *schlafen* in (12)). Allerdings blendet Wunderlich diesen Unterschied für das Linking aus.

Auch in der Klasse der kanonischen intransitiven Verben gibt es Unterschiede, die Wunderlich nicht berücksichtigt. Dies liegt daran, dass in seinem Ansatz intransitive Verben weder für Handlungskontrolle noch für Kausation spezifiziert werden. Es gibt in seinem Ansatz keinen Operator für Handlungskontrolle und der Operator CAUSE setzt mindestens zwei Argumente voraus. Verben, die ein kontrollfähiges, wahrnehmendes und physisch aktives Agens, d. h. den Agens-Prototyp, wählen, wie etwa *lachen, tanzen* und *arbeiten*, kann Wunderlich von Verben mit einem schwach agentivischen Argument, wie etwa *blühen* oder *frieren*, nicht trennen. Wie in Kap. 3.3 erläutert, werden erstere im unpersönlichen Passiv bevorzugt, letztere nicht. Des Weiteren haben erstere immer ein Nominativsubjekt, während letztere auch ein obliques Subjekt aufweisen können (vgl. *mich hungert, mir ist kalt*).

Auch nicht-kanonische Linkingmuster werfen Probleme auf. Bei nicht-kanonischen Mustern, wie etwa bei *helfen* und *gefallen*, ergeben sich die Rollenmerkmale nicht aus der Theta-Struktur, sondern sind im Lexikon festgelegt. Auf diese Weise wird der Dativ dieser Verben als lexikalischer (nicht-struktureller) Kasus erfasst. Das Problem ist allerdings, dass in der Forschung gerade lexikalische Kasus als rollensemantisch motiviert erachtet werden. (Wir werden im Abschnitt 4.5 sehen, dass der Dativ dieser Verben rollensemantisch motiviert werden kann.) In Wunderlichs Modell sind die Verhältnisse bei strukturellen und lexikalischen Kasus umgekehrt: Strukturelle Kasus sind aus der Theta-Struktur ableitbar und mithin semantisch gut motiviert, lexikalische nicht.

In der generativen Grammatik (vgl. Adger 2003) werden strukturelle rollensemantische Ansätze favorisiert, da sie – wie an Wunderlichs Ansatz erläutert – die syntaktische Grundposition der Verbargumente angemessen und einfach erklären können. Werden Dekompositionsstrukturen durch mehrere semantische Operatoren angereichert (vgl. Jackendoff 1990, Van Valin/LaPolla 1997, Primus 1999), so kann man mit ihrer Hilfe viele rollensemantisch determinierte Erscheinungen einschließlich der Grundposition der Verbargumente angemessen erklären. Voraussetzung dafür ist allerdings, dass auch nicht-strukturelle rollensemantische Informationen für die Grammatik herangezogen werden.

4.4 Grundabfolge der Verbargumente

Die Abfolge der Verbargumente wird im Deutschen als relativ frei eingestuft. Dies trifft nur bedingt zu. Der Eindruck der Stellungsfreiheit entsteht dadurch, dass mehrere Faktoren die Abfolge bestimmen und dass diese Faktoren in Konflikt miteinander geraten können (vgl. Zifonun et al. 1997: 1495f., Primus 1998, Eisenberg

2006: 404f.). So gehen Subjekte Objekten und Personalpronomen nicht-pronominalen Argumenten voran. Im Konfliktfall kann sich die Pronomenregel durchsetzen: *Heute hat ihn der Opa gesehen*. Außerdem spielen semantisch-pragmatische Faktoren, die mit dem Informationsstatus und der Topikfunktion der Satzglieder zusammenhängen eine Rolle. Um den rollensemantischen Faktor soweit wie möglich zu isolieren, werden wir im Folgenden nur nominale Argumente mit definitem Artikel miteinander vergleichen.

Die Grundabfolge der Argumente lässt sich dadurch bestimmen, dass sie in beliebigen Kontexten, insbesondere auch zu Beginn eines Textes oder Gesprächs, verwendet werden kann. Dies liegt daran, dass zu Beginn eines Textes oder Diskurses der Informationsstatus aller Satzglieder in der Regel gleich ist. Die Grundabfolge lässt sich im Mittelfeld deutscher Sätze am zuverlässigsten ermitteln. Dies ist der Bereich zwischen Hilfsverb oder satzeinleitender Konjunktion und Vollverb (vgl. Duden 2009: 862f.): *Dann hat [der Einbrecher den Banktresor] geöffnet* bzw. *dass [der Einbrecher den Banktresor] öffnete*.

Der wichtigste Faktor für die Grundabfolge der Verbargumente ist deren semantische Rolle. Wir erinnern an das rollensemantische Grundabfolge-Prinzip, das in Kap. 2.2 eingeführt wurde:

- **Rollensemantisches Grundabfolge-Prinzip**: Ein agentivischeres Argument geht einem weniger agentivischen Ko-Argument in der Grundabfolge voran.

Der Begriff des Ko-Arguments garantiert, dass es sich um Argumente desselben Prädikats handelt. Gemäß dieses Prinzips geht nicht nur ein kontrollfähiges und physisch aktives Agens, sondern jede agentivischere Rolle einer weniger agentivischen voran. Dieses Prinzip setzt mehrdimensionale Rollenbegriffe voraus, wie sie in den vorherigen Kapiteln präsentiert wurden. Um die Wirksamkeit dieses Prinzips zu überprüfen, müssen wir hier lediglich die bereits behandelten Rollenkomponenten und -konstellationen Revue passieren lassen:

(14) Kontrollfähiger Verursacher vor kausal affiziertem Partizipanten:
In den frühen Morgenstunden hat die Polizei den Einbrecher verhaftet.

(15) Nicht-kontrollfähiger Verursacher vor kausal affiziertem Partizipanten:
Heute Morgen ist der Oma beim Abwaschen die Teekanne zerbrochen.

(16) Besitzer vor Besitzgegenstand:
a. *Gestern hat der Komplize die Diamanten verloren.*
b. *Jeder weiß, dass dem Opa der Motorroller gehört.*

(17) Experiencer vor Gegenstand des psychischen Zustands:
a. *Im Dunkeln konnte der Einbrecher die Diamanten nicht sehen.*
b. *Erst heute ist der Nachbarin der Opa aufgefallen.*
(18) Kausal affizierter Besitzer oder Experiencer (Rezipient) vor Gegenstand des Besitzes oder psychischen Zustands (Patiens):
a. *Heute hat der Junge der Polizei den Komplizen gezeigt.*
b. *Gestern hat der Opa der Oma den Motorroller geschenkt.*
c. *Gestern wurde der Oma der Motorroller geschenkt.*

Wir haben in (14) – (18) nicht alle Rollenkomponenten genannt, sondern nur diejenigen, die das Agentivitätsgefälle hinreichend belegen. In (18) geht es uns nur um die relative Abfolge von Rezipient und Patiens.

Das rollensemantische Grundabfolge-Prinzip kann die Abfolgen in (14) – (18) angemessen erfassen. Dennoch bleiben einige Details ungeklärt. Die relative Abfolge der Argumente, die wir als obliques Subjekt und Nominativobjekt klassifizierten (vgl. (16b), (17b) und (18c)), sind freier als die Abfolgen mit Nominativsubjekt und nicht-nominativischem Objekt (vgl. (16a) und (17a)). Die relative Abfolge von Dativrezipient und Akkusativpatiens in (18a, b) ist auch freier. Dies liegt daran, dass die Grundabfolge durch die syntaktische Funktion der Verbargumente maßgeblich beeinflusst wird:

- **Syntaktisches Grundabfolge-Prinzip**: Ein Argument mit einer einfacheren syntaktischen Funktion geht einem Argument mit einer komplexeren syntaktischen Funktion voran.

- **Einfachheitsgefälle**: Nominativsubjekt – Akkusativobjekt – Dativobjekt – Genitiv- oder Präpositionalobjekt

Anstelle von Einfachheit spricht man auch von **Markiertheit**. In Wunderlichs Ansatz wird das angegebene Einfachheitsgefälle bis zum Dativ dadurch erklärt, dass eine komplexere Kasusfunktion mehr Merkmale trägt als eine einfachere (vgl. (11) weiter oben).

Nun können wir die weiter oben besprochenen Details angemessener erklären. Bei den freien Grundabfolgen stehen die beiden Grundabfolgeprinzipien in Konflikt zueinander und können nicht gleichzeitig befolgt werden. Abfolgen, in denen die agentivischere Rolle im Nominativ und die weniger agentivische im Akkusativ (oder einer anderen komplexeren Funktion) erscheint, sind hingegen durch beide Prinzipien legitimiert. Eine Umstellung kann hier nur einen anderen Grund haben, der z. B. mit dem Informationsstatus der Argumente zusammenhängt. (19) illustriert das Zusammenspiel zwischen semantischer Rolle und syntaktischer Funktion bei der Bestimmung der Grundabfolge:

(19) *Heute hat der Junge der Polizei den Komplizen gezeigt.*

Agens   >> Rezipient >> Patiens
Nominativ >> Dativ   << Akkusativ
Nominativ   >> Akkusativ

In (19) haben wir das Agentivitäts- und Einfachheitsgefälle mit >> und die semantischen Rollen mit ihren traditionellen Namen notiert. Beim Agens und Patiens stimmen Agentivitäts- und Einfachheitsgefälle überein: Agens >> Patiens und Nominativ >> Akkusativ. Ihre relative Abfolge ist in Einklang mit beiden Abfolgeprinzipien und deshalb im Wettbewerb mit anderen Abfolgefaktoren sehr stabil. Bei der relativen Abfolge von Rezipient und Patiens konkurrieren Agentivitäts- und Einfachheitsgefälle: Rezipient >> Patiens, aber Dativ << Akkusativ. Die Tatsache, dass die in (19) gezeigte Abfolge leicht bevorzugt wird, liegt daran, dass der rollensemantische Faktor im Deutschen gewichtiger zu sein scheint, sofern nur Kasusfunktionen beteiligt sind. Dies ändert sich, wenn der Rezipient als Präpositionalobjekt erscheint: *Max verschenkte den Roller an Opa*.

Der Komplexitätsfaktor ist auch bei Prädikaten mit symmetrischer Rollenverteilung sowie bei rollensemantisch nicht ausgeprägten Argumenten entscheidend. So ist in *Max stellt fest, dass die Oma dem Opa ähnelt* die Abfolge allein durch den Faktor Subjekt vor Dativobjekt bestimmt, weil bei *ähneln* kein Agentivitätsgefälle besteht.

Wir fassen zusammen. Die relative Grundabfolge der Ko-Argumente wird durch ihr Agentivitätsgefälle maßgeblich bestimmt. Allerdings spielt auch ihre syntaktische Funktion eine entscheidende Rolle, so dass man im Konfliktfall nicht ohne Weiteres genau eine Grundabfolge ansetzen kann. Mehrdimensionale und strukturelle Rollenkonzepte können den rollensemantischen Abfolgefaktor angemessen erklären. Mit Bezug auf die rollensemantisch motivierte Grundposition des Rezipienten halten wir fest, dass er zwischen Agens und Patiens platziert ist und dass sich diese Position aufgrund seiner Agens- und Patienskomponenten ergibt.

Aufgabe 11. Korrespondenzverben weisen die Grundabfolge Akkusativobjekt vor Dativobjekt auf. Erklären Sie anhand folgender Daten und der Ausführungen in Kap. 4.4 diese Grundabfolge und den Unterschied zur Grundabfolge der Argumente von *geben*:
(a) *wenn der Maler die Kopie dem Original angleicht.*
(b) *wenn der Professor die Frauen den Männern gleichstellt.*
(c) *wenn der Professor die Frauen den Männern vorzieht.*

4.5 Dativargumente

Wie in Kap. 4.2 gezeigt, ist die Kasusrealisierung der Rezipientrolle sehr variabel. Dies liegt daran, dass wir wie beim Agens und Patiens vorgegangen sind und versucht haben, die Kasusfunktion aus der semantischen Rolle abzuleiten. In diesem Abschnitt kehren wir die Perspektive um. Aus kasusbezogener Perspektive lässt sich folgende sprachenübergreifend robuste Generalisierung aufstellen (Haspelmath 2005):

- **Dativ-Rezipient-Prinzip für** *geben*: Wenn eine Sprache über einen Dativ für Verbargumente verfügt, dann kodiert er den Rezipienten bei dreistelligen Verben vom Typ *geben*.

Im Folgenden gehen wir der Frage nach, ob man im Deutschen dem Dativ eine einheitliche Rollensemantik, die über den Rezipienten bei Verben wie *geben* hinausgeht, zuschreiben kann. In ihrer umfassenden Analyse der Dativverben im Deutschen hat Heide Wegener (1985: 261) eine Liste von sieben semantischen Rollen für Dativargumente aufgestellt, die sie der Betroffener-Oberrolle zuschreibt:

- Rezipient: Empfänger/Verlierer bei Verben, die Besitz und Besitzwechsel, Schaffen und Beschaffen, Zukommen und Entstehen bezeichnen und ihren Antonymen (*jemandem Blut spenden, jemandem seine Sorgen mitteilen, jemandem das Buch beschaffen, jemandem einen Pullover stricken, jemandem die Bücher wegnehmen, jemandem das Glas aus der Hand schlagen, jemandem ein Kind entführen, wenn jemandem ein Vogel zufliegt, wenn jemandem ein Geschenk zugeht, wenn jemandem die Frau wegläuft, wenn jemandem etwas gehört, wenn jemandem etwas fehlt*)
- Benefaktiv: Nutznießer/Geschädigter bei Verben, die Veränderung eines Gegenstands bezeichnen, der in einer Haben-Relation zum Dativreferenten steht (*jemandem die Haare waschen, jemandem das Leben verschönern, jemandem das Auto reparieren, jemandem ins Bein beißen, jemandem den Tisch beschmieren, wenn jemandem die Kinder gedeihen, wenn jemandem die Frau gesund wird, wenn jemandem der Kuchen gelingt, wenn jemandem die Bluse zerreißt*)
- Experiencer: Empfindungsträger bei Verben, die psychische, physische und mentale Vorgänge und Zustände bezeichnen sowie Vorgänge und Handlungen, die sich am Körper des Betroffenen abspielen (*jemandem ist übel, jemandem ist etwas*

bewusst, jemandem gefällt etwas, jemandem fällt etwas ein, jemandem ein Haar ausreißen)

- **Ko-Agens**: Beteiligter, den Ko- oder Re-Agierender bei Verben, die Handlungen beschreiben, die in der Relation von Aktion und Reaktion zueinander stehen (*jemandem begegnen, jemandem entgegenkommen, jemandem folgen, jemandem gehorchen, jemandem etwas nachmachen, jemandem etwas erlauben, jemandem etwas glauben, jemandem helfen*)
- Cause: der unabsichtlich ein meist negativ bewertetes Ereignis Verursachende (*wenn jemandem das Glas zerbricht/runterfällt, wenn jemandem ein Unfall passiert*)
- **Referent**/Bezugsgröße: die normsetzende Bezugsgröße im Vergleich, der als Bezugsgröße gesetzten Sprecher oder Angesprochenen (*die Wohnung ist mir wichtig, die Wohnung ist mir groß genug*)
- **Correspondent**: die Bezugsgröße bei Verben, die Gleichsein und Gleichmachen bezeichnen, d. h. derjenige, in Bezug auf den ein Vergleich gilt oder vorgenommen wird (*die Tochter dem Sohn gleichstellen, dem Kind die Schuhe anpassen, die Tochter dem Sohn vorziehen, sich jemandem unterwerfen, jemandem ähneln, jemandem gleichen*)

Wegener charakterisiert die Betroffener-Oberrolle, die alle genannten spezifischeren Rollen zusammenfasst, mit Hilfe der Merkmale [Belebtheit], [Involviertheit] und [Mitwirkung]. Belebtheit ist zu eng gefasst (vgl. *Peter fügt dem Text einen Absatz hinzu, Dem Auto flog beim Unfall das Dach weg*). Hingegen ist Involviertheit zu weit, da alle Rollen einschließlich des Agens und Patiens die Involviertheit des entsprechenden Partizipanten am Geschehen implizieren. Mitwirkung ist insoweit interessant, als Wegener dieses Merkmal in das Umfeld von Agentivität stellt. Das Problem ist allerdings, dass Wegener keinen mehrdimensionalen Agentivitätsbegriff bemüht, um etwa den Experiencer und den Besitzer als agentivisch auszuweisen. Mitwirkende im engeren Sinn sind die Träger dieser Rollen keinesfalls.

Im Rahmen eines mehrdimensionalen Ansatzes, der in Kap. 2.3 und 3.4 für Agens- und Patiens-Rollen eingeführt wurde, kann man Wegeners Befunde besser systematisieren. Es zeigt sich nämlich, dass Wegeners spezifischere Rollen ohne Weiteres unter einen mehrdimensionalen Agensbegriff fallen. Wir wiederholen hier die Liste von Agens-Dimensionen und agensähnlichen Rollen, die wir in Kap. 2.3 eingeführt haben und illustrieren sie mit Wegeners Beispielen. Ihre Rollenbezeichnungen erscheinen in Klammern:

(20) Agens-Dimensionen und agensähnliche Rollen
    a. Verursachung (Cause): *wenn jemandem das Glas zerbricht/runter-fällt, wenn jemandem ein Unfall passiert, wenn jemandem ein Kuchen gelingt*
    b. Handlungskontrolle: ------
    c. Sentience (Experiencer): *jemandem ist übel, jemandem ist etwas bewusst, jemandem gefällt etwas, jemandem fällt etwas ein*
    d. Selbstinduzierte Bewegung (Ko-Agens): *jemandem begegnen/entgegenkommen, jemandem folgen*
    e. Besitz (Rezipient in a), Benefaktiv in b)):
    a) *jemandem Blut spenden, jemandem seine Sorgen mitteilen, jemandem Wein über die Hose kippen, jemandem das Buch beschaffen, jemandem einen Pullover stricken, jemandem die Bücher wegnehmen, jemandem das Glas aus der Hand schlagen, jemandem ein Kind entführen, wenn jemandem etwas gehört, wenn jemandem etwas fehlt*
    b) *jemandem die Haare waschen, jemandem das Auto reparieren, jemandem ins Bein beißen, jemandem den Tisch beschmieren, wenn jemandem die Kinder gedeihen, wenn jemandem die Frau gesund wird, wenn jemandem die Bluse zerreißt*

Wie in (20) gezeigt, lassen sich die meisten Dativrollen ohne weitere Vorkehrungen unter einen mehrdimensionalen Agensbegriff (Proto-Agens) stellen. Auch in den Fällen, in denen das Dativargument mehrere Rollen trägt, fallen alle unter Proto-Agens. So ist für *Max* in *Opa reißt Max ein Haar aus* die Besitzer-Rolle für den Dativ maßgeblich. In manchen, aber nicht notwendigerweise allen Situationen (vgl. *Opa riss Max ein Haar aus, ohne dass Max dies je merkte*), kommt auch die Experiencer-Rolle in Frage. Die Experiencer-Rolle kann als Empfindender und Bewerter näher spezifiziert werden. Die Bewertung der vom Prädikat bezeichneten Situation setzt eine mentale Repräsentation dieser Situation voraus und fällt somit unter Experiencer (vgl. eingehender Kap. 3.4). Die Einführung einer zusätzlichen Rolle Benefaktiv ist überflüssig. Auch die Referent-Rolle, die Wegener für den *dativus ethicus* wie in *Du bist mir ein feiner Kerl* und den *dativus iudicantis* wie in *Die Wohnung ist dem Opa wichtig/groß genug*, impliziert, dass der Referent des Dativnominals die Situation mental repräsentiert und bewertet. Daher trägt er die Experiencer-Rolle.

    Charakteristisch für eine Dativrolle ist, dass sie nicht kontrollfähiges Agens der vom Prädikat bezeichneten Handlung sein kann (vgl. (20b)). In diesem Zusammenhang soll die Komponente der selbstinduzierten Bewegung bei einem Ko-Agens genauer besprochen werden (vgl. (20d)). Bei dieser Rolle handelt es sich um den Ko- oder Re-Agierenden bei Verben, die Handlungen beschreiben, die in der Relation von Aktion und Reaktion zueinander stehen:

(21) x begegnet y   y kommt x entgegen
      x geht y voran   y geht x nach
      x gehorcht y   y verlangt etwas von x
      x glaubt y etwas   y sagt x etwas
      x hilft y bei z   y ist dabei, z zu tun

Ein Ko-Agens kann durchaus als kontrollfähiges Agens handeln. Entscheidend ist aber, dass seine Handlung nicht die vom Prädikat bezeichnete ist: Wenn Max Oma beim Abwaschen hilft, so ist Oma dabei (oder hat vor) abzuwaschen.

Auch Wegeners Correspondent-Rolle lässt sich als agensähnlich erklären. Bei dieser Rolle handelt es sich um die Bezugsgröße bei Verben, die Gleichsein und Gleichmachen bezeichnen, d. h. denjenigen, in Bezug auf den ein Vergleich gilt oder vorgenommen wird. Wegener nennt u. a. folgende Beispiele: *jemandem ähneln, jemandem gleichen, wenn dem Kind die Schuhe passen, die Tochter dem Sohn gleichstellen, die Tochter dem Sohn vorziehen.*

Wie in (22) gezeigt, implizieren diese Verben, dass der Referent des Dativarguments und ein anderer Partizipant hinsichtlich mindestens einer Eigenschaft gleich sind. So folgt aus der Aussage, dass dem Max die Schuhe passen, dass die Größe der Schuhe und der Füße von Max gleich ist. In welcher Hinsicht Gleichheit herrscht und wie genau der Maßstab dafür ist, erschließt sich nicht aus der Verbbedeutung von *passen*, sondern nur aus der Äußerungssituation.

(22) x ähnelt y   ⎫ x und y sind bezüglich mindestens einer
      x passt y   ⎬ Eigenschaft gleich
      jemand zieht x y vor   ⎭
      jemand stellt x y gleich   x und y werden bezüglich mindestens
                                    einer Eigenschaft gleich

Entscheidend für die Dativselektion ist, dass die in (22) angegebene implizierte Gleichheitsrelation symmetrisch ist: In jeder Situation, in der x in einer Hinsicht mit y identisch ist, ist in dieser Hinsicht auch y mit x identisch (vgl. Dowty 1991). Damit kann man erklären, dass bei einigen Korrespondenzverben Subjekt und Dativobjekt vertauschbar sind:

(23) a. Mit den Jahren ähnelt die Oma dem Opa immer mehr.
      b. Mit den Jahren ähnelt der Opa der Oma immer mehr.

Die Selektion der syntaktischen Funktionen wird bei Korrespondenzverben dieser Art nicht durch semantische Rollen determiniert, sondern durch die Figur-Grund-Relation, die wir in Kap. 1.4 eingeführt haben. Der Referent des Dativarguments fungiert als fester Bezugsrahmen, z. B. weil seine Eigenschaften weniger veränderbar sind und die Kriterien der Korrespondenz bestimmen. So ist nur (23a), nicht jedoch (23b) in einer Situation angemessen, in der sich bestimmte Eigenschaften von Oma mit den Jahren so verändert haben, dass sie mit Opas Eigenschaften übereinstimmen.

Nun können wir die rollensemantische Motivation des Dativs in ein allgemeineres verletzbares Prinzip zusammenzufassen:

- **Dativ-Prinzip**: Wenn eine adverbale Nominalphrase im Dativ steht, dann ist das entsprechende semantische Argument das erste Argument in einer von der Verbbedeutung implizierten oder präsupponierten Relation, wobei die Handlungskontrolle über das vom Verb bezeichnete Ereignis ausgeschlossen ist.

Das Dativ-Prinzip nimmt auf Prädikat-Argumentstrukturen Bezug, mit deren Hilfe Verbbedeutungen rekonstruiert werden. So wird in einem Prädikatsschema $\lambda y \lambda x [\text{PRÄDIKAT}(x, y)]$ das Argument x stets als das logische ‚Subjekt' und das Argument y als das logische ‚Objekt' aufgefasst. Bei einer asymmetrischen Rollenverteilung wird eine solche Struktur stets im Sinne eines Agentivitätsgefälles interpretiert, so dass x als agensähnlich und y als patiensähnlich gedeutet wird. Die Korrespondenzverben vom Typ *ähneln* haben keine semantischen Rollen im engeren Sinn. Hier ist der Dativ semantisch strukturell dadurch motiviert, dass solche Verben eine symmetrische Gleichheitsrelation implizieren (vgl. (22) weiter oben). Aufgrund dieser Symmetrie erscheint das im Dativ realisierte semantische Argument als erstes Argument einer von der Verbbedeutung implizierten Relation. Für den Dativ gilt also generell diese semantisch-strukturelle Implikation oder Präsupposition (vgl. auch Brandt (2003) und Hole (i. E.) für eine ähnliche strukturelle Erklärung).

Nur bei sehr wenigen Verben lässt sich für das Dativargument keine semantische Relation rekonstruieren, in welcher dieses Argument an erster Stelle steht: *jemand ist dem Wein zugetan* (Gegenstand eines psychischen Zustands im Dativ), *jemand setzt die Kinder der Kälte aus* (Lokalrolle im Dativ).

In mehreren Arbeiten wird eine rezipientähnliche Rolle oder ein Dativargument durch die Belebtheit des entsprechenden Partizipanten charakterisiert (vgl. Wegener 1985, Zifonun et al. 1997). Auch die Grundabfolge der Ko-Argumente wird dadurch erklärt, dass eine mit Belebtheit assoziierte Rolle einer mit Unbelebtheit assoziierten vorangeht. Wir hingegen haben belebtheitsbezogene Hypothesen durch die agentivischen Eigenschaften der Partizipanten erklärt (vgl. Kap. 2.3 und Kap. 3.4). Die Fähigkeit zur Handlungskontrolle kommt einem Agens im engeren Sinne zu; Kontrollfähigkeit im weiteren Sinne haben wir einem Besitzer und Experiencer zugesprochen. Über Kontrollfähigkeit im weiteren oder engeren Sinn verfügen in der Regel nur belebte Partizipanten. Auch die Agens-Dimension der selbstinduzierten Bewegung charakterisiert in erster Linie belebte Partizipanten. Aus diesen Agensdimensionen und der hier vorgestellten agensbezogenen Auffassung über rezipientähnliche Rollen, über verbale Dativargumente und die Grundabfolge der verbalen Ko-Argumente kann man die in der Forschung angenommenen Belebtheitseffekte rekonstruieren.

4.6 Zusammenfassung

Der Rezipient im engeren Sinn ist der Empfänger einer Entität oder Information bei einem Verb, das den Transfer eines Besitzgegenstandes (*geben, schenken*) oder einer Information (*erzählen*, *zeigen*) bezeichnet. Diese Rolle lässt sich präziser als Besitzer oder Experiencer charakterisieren, dessen Besitz- oder Sentience-Zustand sich im Zuge des Ereignisses verändert und bei Verben wie *geben* und *zeigen* von einem anderen Partizipanten verursacht wird. Im Spektrum der Agens- und Patiens-Dimensionen lässt sich der Rezipient als Fall hybrider Rollenkumulation bestimmen: Als Besitzer oder Experiencer hat er eine agentivische Komponente, seine Zustandsveränderung und kausale Affiziertheit hingegen weisen ihn als patiensähnlich auf. Andere Rollen, die im Umfeld des Rezipienten angesiedelt werden – Quelle, Adressat, Benefaktiv, Ko-Agens – vereinen ebenfalls Agens- und Patienskomponenten.

Den hybriden Charakter der Rezipientrolle kann neben einem Proto-Rollen-Ansatz auch Wunderlichs Modell erklären, in welchem Verbbedeutungen anhand von semantischen Strukturen und semantische Rollen als strukturelle Relationen beschrieben werden.

Mit Bezug auf die rollensemantisch motivierte Grundposition einer Rezipienten- oder rezipientähnlichen Rolle halten wir fest, dass sie zwischen Agens und Patiens platziert ist und dass sich diese Position aufgrund ihrer Agens- und Patienskomponenten ergibt. Damit folgen auch Rezipienten und rezipientähnliche Rollen dem rollensemantischen Grundabfolge-Prinzip, demzufolge eine agentivischere Rolle einer weniger agentivischen vorangeht.

Was die kasusbezogene syntaktische Realisierung eines Rezipienten betrifft, so fällt sie im Deutschen und im Sprachenvergleich sehr variabel aus. Dennoch gibt es zwischen Dativ und Rezipienten bei Verben des Typs *geben* eine starke Affinität. Für den adverbalen Dativ im Deutschen lässt sich ein allgemeineres (verletzbares) Prinzip aufstellen: Wenn eine adverbale Nominalphrase im Dativ steht, dann erscheint das entsprechende semantische Argument als erstes Argument in einer von der Verbbedeutung implizierten oder präsupponierten Relation, wobei die Handlungskontrolle über das vom Prädikat bezeichnete Ereignis ausgeschlossen ist.

Die folgende Tabelle zeigt die typische Rollenverteilung und syntaktische Realisation der Argumente bei dreistelligen Prädikaten im Deutschen:

(wenn) der Opa	*seinem Enkel*	*ein Haar ausreißt*
Agens-Dimensionen: • Potenzielle Handlungskontrolle • Verursachung • Sentience (Wahrnehmung) • Selbstinduzierte Bewegung	Agens-Dimensionen: • unveräußerbarer Besitz	Agens-Dimensionen: keine
Patiens-Dimensionen: keine	Patiens-Dimensionen: ■ Kausale Affiziertheit ■ Veränderung des Besitzzustandes	Patiens-Dimensionen: ■ Kausale Affiziertheit ■ physisch manifeste Veränderung des Besitzzustandes ■ Besitzgegenstand
rollensemantisch determinierte Grundabfolge: wie angegeben aufgrund des rollensemantischen Grundabfolge-Prinzips		
Kasusfunktion: Nominativsubjekt aufgrund des Agens-Subjekt-Prinzips	Kasusfunktion variabel: Dativ aufgrund des Dativ-Prinzips möglich	Kasusfunktion: Akkusativobjekt aufgrund des Patiens-Objekt-Prinzips

Tabelle 1. Typische Rollenverteilung und syntaktische Realisation der Argumente bei dreistelligen Prädikaten im Deutschen

Für das mittlere Argument *seinem Enkel* kann man auf der Grundlage rollensemantischer Information keine sichere kasusbezogene Prognose treffen, da das Dativ-Prinzip den Dativ voraussetzt. Die Realisierung dieses Arguments als Dativobjekt würde dieses Prinzip erfüllen und wäre daher möglich: *seinem Enkel* erscheint als erstes Argument in einer vom Verb implizierten Relation, in diesem Fall einer Pertinenzrelation, wobei die Handlungskontrolle über das vom Prädikat bezeichnete Ereignis ausgeschlossen ist. Hinzu können situationsabhängig die Agenskomponenten der Wahrnehmung und Bewertung des Ereignisses kommen. Kein anderes Argument würde das Dativ-Prinzip erfüllen. Das erste Argument hat die po-

tenzielle Handlungskontrolle, das letzte Argument hat keine Agens-
eigenschaften.

Aufgabe 12. In vielen Arbeiten werden *helfen* und *unterstützen* als Synonyme
behandelt. Überprüfen Sie anhand folgender Daten und der Ausführungen in
Kap. 4.5, ob beide Verben notwendigerweise ein Ko-Agens selegieren.
(a)   *Max hilft der Oma beim Abwaschen.*
(b)   *Max unterstützt die Oma beim Abwaschen.*
(c)   *Max unterstützt Omas Arbeit.*
(d)   **Max hilft Omas Arbeit.*

Aufgabe 13. Korpusanalysen haben ergeben, dass im Mittelfeld deutscher Sätze die Abfolge Subjekt vor Objekt statistisch stark dominiert (99%). Bei den
selteneren Abfolgen Objekt vor Subjekt zeigt sich eine bemerkenswerte
Asymmetrie: In fast allen Fällen sind bei dieser Abfolge Dativobjekte und
nicht Akkusativobjekte beteiligt (Bader/Häussler 2010). Wie ließe sich diese
Asymmetrie auf der Grundlage des Dativ-Prinzips und des rollensemantischen
Grundabfolge-Prinzips erklären?

Grundbegriffe: Rezipient, Quelle, Benefaktiv, Adressat, Rezipientenpassiv, Ko-Agens, Correspondent, Theta-Struktur, Grundabfolge

Weiterführende Literatur: Wegener (1985: 261f.), Zifonun et al. (1997:
1335f.), Primus (1999, Kap. 3.3, Kap. 4.2), Eisenberg (2006: 75f.).

5   Adverbialrollen

Der Begriff der semantischen Rolle wird mit dem syntaktischen
Argumentstatus eines Satzglieds assoziiert. Wir erinnern uns an das
in Kap. 1.2 kritisch diskutierte Rollenkriterium: Jeder semantischen
Rolle eines Prädikats entspricht genau ein syntaktisches Argument
und jedem syntaktischen Argument entspricht genau eine semantische Rolle. Das Rollenkriterium oder ähnliche Zuordnungsprinzipien haben in der einschlägigen Forschung dazu geführt, dass semantische Rollen nur mit Bezug auf Argumente behandelt werden.
Rollen von Modifikatoren werden separat im Rahmen der Raum-,
Temporal-, Adverbial- oder Konnektorensemantik untersucht. Dies
ist insoweit sinnvoll, als sich die Modifikator- und Konnektorensemantik auch mit Fragestellungen befasst, die Argumentrollen nicht
tangieren. In diesem Kapitel werden wir uns Rollen zuwenden, die
zwar meistens als Modifikatoren, aber in bestimmten Konstruktionen auch als syntaktische Argumente realisiert werden. Zu diesen
Rollen gehören Lokalrollen (Kap. 5.1), die wir auch im Zusammen-

hang von Konstruktionsalternationen behandeln (Kap. 5.2). Anschließend geht es um Instrument und Komitativ (Kap. 5.3). Zum Abschluss präsentieren wir den lokalistischen Ansatz von Ray Jackendoff, der den Lokalrollen einen zentralen Status beimisst (Kap. 5.4). Da wir mit diesem Kapitel die Behandlung der semantischen Rollen bei verbalen Prädikaten abschließen, lassen wir die behandelten Rollendimensionen Revue passieren (Kap. 5.5).

5.1 Lokalrollen

Lokativ ist die semantische Rolle für den Ort, an welchem die vom Prädikat bezeichnete Situation oder ein Partizipant in dieser Situation räumlich eingeordnet wird. Der Lokativ wird oft als Sammelbegriff für verschiedene Raumkonzepte verwendet, denen spezifischere lokale Rollen entsprechen, etwa **Position**, wie in (1a), **Ursprung** (Quelle, engl. *source*), wie in (1b), **Weg** (engl. *path*), wie in (1c), **Direktional** (auch Direktiv, Richtung), wie in (1d), und **Ziel** (engl. *goal*), wie in (1e). Die räumlich eingeordnete Entität fungiert als **Lokatum** (üblicher, aber ungenauer ist die Bezeichnung *Thema*).

(1) a. Max wohnt in einem Dorf.
     b. Er radelt aus dem Dorf hinaus.
     c. Er muss anschließend einen Wald durchqueren.
     d. Der Pfad führt nach Süden.
     e. Max radelt in die Stadt.

Eine Position, wie *in einem Dorf* in (1a), findet man bei Prädikaten wie z. B. *wohnen, liegen, stehen, sich befinden*, die Zustände bezeichnen und keinen Ortswechsel implizieren. Die anderen Rollen setzen einen Ortswechsel voraus, der meistens die Fortbewegung eines Partizipanten impliziert. In (1b) bis (1e) wird ein vollständiges Ortswechselschema beschrieben: Ursprung – Weg – Richtung – Ziel.

Der Unterschied zwischen Positions- und Ortswechselverben ist für die Kasusrektion der Präpositionen, die im Deutschen den Dativ oder Akkusativ regieren, entscheidend. Bei einer Position wird der Dativ, bei einem Weg, Direktional oder Ziel der Akkusativ gewählt: *Max radelt in der Stadt* (Position); *Max radelt über den Berg in die Stadt* (Weg und Ziel).

In (1d) findet keine Fortbewegung statt. Jeder Pfad verbindet allerdings zwei Orte und setzt somit wie bei einem Ortswechsel zwei verschiedene Positionen voraus, während das bei einer Positionsrolle nicht der Fall ist. Dies erklärt, warum in (1d) ein Ortswechselverb wie *führen* (oder *verlaufen*) und bei einer rektionsvariablen Präposition der Akkusativ verwendet wird: *Der Pfad führt in die Stadt; Der Wald erstreckt sich über einen Berg bis in die Stadt.* Entscheidend für eine Ortswechselrolle ist also nicht eine Fortbewegung des Lokatums, sondern die Tatsache, dass die Lokalisierung auf zwei verschiedene Positionen des Lokatums Bezug nimmt.

Einer Lokalrolle entspricht bei den meisten Verben die syntaktische Funktion eines valenzfreien Modifikators: *Die Oma häkelt im Garten.* Positions- und Fortbewegungsverben wie in (1) weisen hingegen eine Lokalrolle zu, die syntaktisch als Lokalargument (auch Lokalergänzung) realisiert wird (vgl. auch Kap. 1.2).

Maienborn (1991) zufolge beinhaltet die semantische Struktur von Positions- und Ortswechselverben eine Lokalisierungsrelation und einen Positions- bzw. Bewegungsmodus. So handelt es sich in (2) um dieselbe Lokalisierungsrelation und mithin um dieselbe Zielrolle. Im Zuge des Ereignisses erfährt das Lokatum einen Ortswechsel, wobei *den Tisch* als Ziel fungiert und *auf* die Raumregion des Ziels näher bestimmt. Die Verben *legen*, *stellen* und *setzen* unterscheiden sich im Positionsmodus, der weitgehend von den raumbezogenen Eigenschaften des Lokatums abhängt:

(2) Verschiedene Positionsmodi bei derselben Lokalisierungsrelation:
  a. Oma legt ein Buch auf den Tisch.
  b. Opa stellt eine Vase auf den Tisch.
  c. Max setzt seine kleine Schwester auf den Tisch.

Diese Präzisierung der Bedeutung von Positions- und Ortswechselverben hilft uns, die semantischen Effekte beim Wegfallen und Hinzufügen von Lokalrollen besser zu verstehen. Bei manchen Ortswechselverben, wie *schwimmen*, *laufen* oder *radeln*, ist die Lokalrolle und das entsprechende Argument weglassbar. Wenn es bei einem solchen Verb nur um den Bewegungsmodus geht, so kann man es ohne Ortswechselargument als reines Tätigkeitsverb verwenden:

(3) a. Oma schwimmt gerade.
  b. Opa kann wieder laufen.
  c. Max radelt jeden Tag.

Bei Positionsverben verhält es sich ähnlich, vgl. *Wohnst du noch, oder lebst du schon?* (Werbespruch einer Möbelfirma).

Die im Deutschen stark ausgeprägte Modusvariation bei Ortswechselverben erlaubt es, Tätigkeitsverben durch Hinzufügen einer Ortswechselrolle als Fortbewegungsverben zu interpretieren (vgl. Welke 2011: 214f.):

(4) a. Opas Trabi quietscht um die Ecke.
     b. Oma und Opa tanzen vor Freude aus dem Wohnzimmer in die Küche.
     c. Max half Oma über die Straße.

Bisher haben wir Lokalrollen behandelt, die syntaktisch zwar valenznotwendig und mithin Argumente sind, deren Kasus aber nicht vom Verb, sondern von einer Präposition regiert ist. Diese syntaktische Funktion haben wir in Kap. 1.2 als valenznotwendiges Adverbial (auch Lokalergänzung) eingegrenzt.

5.2 Alternationen mit Lokalrollen

In diesem Abschnitt wenden wir uns Lokalrollen zu, deren syntaktische Realisierung alterniert. In einer Konstruktionsvariante erscheint die Lokalrolle als Kasusargument, in der anderen als Präpositionalphrase. Uns interessiert insbesondere die Frage, ob den verschiedenen syntaktischen Funktionen auch verschiedene semantische Rollen entsprechen oder ob ein und dieselbe Rolle syntaktisch variabel realisiert wird.

Wir beginnen unsere Diskussion mit der in (5) – (7) illustrierten **Dativalternation**, die im Englischen viel produktiver ist als im Deutschen (vgl. Wegener 1985: 220f., Shibatani 1996, Krifka 2004, Levin/Rappaport Hovav 2005: 187f.):

(5) a. Opa schickte seinem Enkel eine SMS.
     b. Opa schickte eine SMS an seinen Enkel.
(6) a. Opa schreibt der Schule einen Beschwerdebrief.
     b. Opa schreibt einen Beschwerdebrief an die Schule.
(7) a. Grandpa gave his grandchild money.
     b. Grandpa gave money to his grandchild.

Die meisten Verben, die an dieser Alternation beteiligt sind, weisen ihrem Dativargument die Rezipientrolle zu und lassen sich in dieser Konstruktion als Besitzwechselverben charakterisieren (vgl. Kap. 4). Aus der Dativvariante in (5a) – (7a) kann man schließen, dass im Zuge des betreffenden Ereignisses der Referent der Dativphrase die im Akkusativ realisierte Entität erhält und somit über sie verfügt. So legt z. B. (5a) nahe, dass Opas Enkel eine SMS erhält, über die er verfügt: Sie etwa lesen, weiterleiten oder löschen kann.

Es stellt sich die Frage, ob eine Besitzrelation auch aus der Präpositionalvariante erschlossen werden kann. Die Sätze in (5b) – (7b) legen nahe, dass auch bei der Präpositionalvariante im Zuge des Ereignisses eine entsprechende Verfügbarkeitsrelation entsteht. Dies scheint allerdings daran zu liegen, dass wir es in (5) – (7) mit

Personen zu tun haben. Eine Institution wie die Schule in (6) gilt, übrigens auch juristisch, als Person. Personen können über Entitäten verfügen. Da wir geneigt sind, die spezifischste Lesart, die mit der Situation verträglich ist, zu wählen (vgl. die Informativitätsmaxime in Kap. 1.4), werden wir auch in (5b) – (7b) eine Verfügbarkeitsrelation hineininterpretieren.

Damit ist noch nicht bewiesen, dass die Präpositionalvariante in allen Fällen einen Besitzwechsel impliziert. So kann man in (8) – (9) einen Zielort wie *die See* oder *Köln* nicht als Besitzer interpretieren. Dies erkennt man daran, dass die Dativvariante ausscheidet:

(8) a. Opa schickte den Enkel an die See.
     b. *Opa schickte der See den Enkel.
(9) a. Opa schickt einen Beschwerdebrief nach Köln.
     b. *Opa schickt Köln einen Beschwerdebrief.

(9b) ist nur dann akzeptabel, wenn Köln als juristische Person wie etwa die Stadtverwaltung interpretiert wird.

Die bisherigen Daten zeigen, dass eine Person ohne Weiteres zugleich als Besitzer und lokales Ziel konzeptualisiert werden kann, während reine Ortsnomen nur in der Institutionslesart als Besitzer fungieren können. Diese Befunde stehen mit unserem Dativ-Prinzip in Einklang (vgl. Kap. 4.5): Dem Dativargument muss ein semantisches Argument entsprechen, das als erstes Argument in einer von der Verbbedeutung implizierten Relation – in diesem Fall einer Besitzrelation im weitesten Sinn – fungiert.

Im Rahmen der in Kap. 4.3 vorgestellten strukturellen Rollenkonzeption kann man die Dativalternation motivierenden Lesarten wie in (10) präzisieren (die Lambda-Variablen lassen wir hier weg):

(10) a. Dativkonstruktion: CAUSE(x, BECOME(POSS(y, z)))
     b. Präpositionalkonstruktion: CAUSE(x, BECOME(BE-AT(z, y)))

Verben, die im Deutschen an der Dativalternation uneingeschränkt beteiligt sind, lassen sich wie in (10a) und (10b) interpretieren. Sie implizieren einen Ortswechsel und legen eine Besitzrelation im weitesten Sinn nahe. Solche Verben sind z. B. *schicken, senden, vermieten, leihen, aushändigen, weiterreichen, abgeben.* Das Dativargument solcher Verben kann zugleich als Besitzer und lokales Ziel interpretiert werden. Diese Interpretation kommt dadurch zustande, dass in den meisten Fällen im Zuge eines Besitzwechsels auch ein Ortswechsel des Besitzgegenstandes stattfindet. Für den Dativ ist die Besitzlesart maßgeblich. Wenn die Besitzlesart ausgeschlossen ist, kommt nur die Präpositionalvariante eines solchen

Verbs in Frage, vgl. (8a, b): *Opa schickte den Enkel an die See.*
*Opa schickte der See den Enkel.
Das einfache Verb *geben* wird im Gegensatz zu seinen Varianten *abgeben* oder *weitergeben*, deren Partikel einen Ortswechsel angibt, nur gelegentlich in der Präpositionalkonstruktion verwendet (vgl. Kubczak 2009):

(11) a. Opa gab den Motorroller an die Oma.
      b. Opa gab den Motorroller an die Oma weiter.
      c. Opa gab den Motorroller an die Oma ab.

Während im Englischen die meisten dreistelligen Kommunikations- und Zeigeverben an der Dativalternation beteiligt sind, ist die Dativalternation bei solchen Verben im Deutschen stark eingeschränkt. Die deutschen Sätze (13a, b) sind Übersetzungen der englischen Beispiele (12a, b):

(12) a. Max told his grandma a beautiful story/a beautiful story to his grandma.
      b. Max showed his grandma his scooter/his scooter to his grandma.
(13) a. Max erzählte seiner Oma eine schöne Geschichte/*eine schöne Geschichte an seine Oma.
      b. Max zeigte seiner Oma seinen Motorroller/*seinen Motorroller an seine Oma.

Die Dativkonstruktion lässt sich in solchen Fällen durch die rollensemantische Struktur CAUSE(x, (SENTIENCE(y, z))) und unser Dativ-Prinzip erklären. Die problematische Annahme, dass es sich in (12) und (13) um eine metaphorische Übertragung der Besitzlesart (10a) handelt (vgl. Krifka 2004), ist überflüssig. Die Beispiele in (12) und (13) implizieren keinen Ortswechsel des Wahrnehmungsgegenstandes. Dennoch ist im Englischen die Präpositionalvariante akzeptabel. Dies liegt daran, dass die englische Präposition *to* geringeren semantischen Restriktionen unterliegt.

Das Deutsche verfügt hingegen über keine allgemeine Präposition dieser Art. Die Präpositionen *an* und *zu*, die hierfür in Frage kommen, sind semantisch stärker eingeschränkt, so dass sie bei einem Kommunikations- oder Zeigeverb, wie in (13a, b) gezeigt, meistens nicht möglich sind (vgl. aber *Max sagte der Oma/zu Oma, sie solle warten*). Nur wenn ein Ortswechsel und ein Weg des Kommunikationsgegenstandes impliziert wird, ist die Präpositionalvariante möglich, vgl. *Max gab die Nachricht an die Presse; Max gab die Geschichte an die Oma weiter.*

Eine Alternation zwischen Dativ- und Präpositionalkodierung gibt es im Deutschen und anderen Sprachen auch bei anderen Rollenkonstellationen:

(14) a. Oma strickt ihrem Enkel einen Pulli/einen Pulli für ihren Enkel.
    b. Max repariert dem Opa den Motorroller/für den Opa den Motorroller.
(15) a. Oma entleiht dem Opa den Motorroller/vom Opa den Motorroller.
    b. Ein Einbrecher stahl dem Opa Geld/vom Opa Geld.

(14) illustriert die **Benefaktivalternation** (vgl. Shibatani 1996). (15) zeigt die Alternation, die bei Verben des Typs *nehmen* die semantische Rolle der Quelle betrifft. Hier verliert der Referent des Dativarguments (ggf. zeitlich begrenzt wie bei *entleihen*) die Verfügung über einen Gegenstand.

Eine weitere Alternation, an der eine Lokalrolle teilnimmt, bezeichnet man als **Lokativalternation** (vgl. Jackendoff 1990: 172f., Ickler 1990, Dowty 1991, Olsen 1994, Shibatani 1996, Brinkmann 1997, Michaelis/Ruppenhofer 2001, Levin/Rappaport Hovav 2005: 187f.):

(16) a. Opa lädt Heu auf die Schubkarre.
    b. Opa belädt die Schubkarre mit Heu.
(17) a. Opa liefert Heu an die Nachbarn.
    b. Opa beliefert die Nachbarn mit Heu.
(18) a. Oma verteilte eine Glasur über den Kuchen.
    b. Oma bedeckte den Kuchen mit einer Glasur.
(19) a. Max füllte Plastik in die Mülltonne.
    b. Max füllte die Mülltonne mit Plastik.
(20) a. Grandpa loaded hay onto the wheelbarrow.
    b. Grandpa loaded the wheelbarrow with hay.

Im Deutschen sind an dieser Alternation viele mit *be*-präfigierte Verben beteiligt, wie in (16) – (17). Es gibt Verben, wie in (18), die nur in einer der beiden Varianten verwendet werden können. Gelegentlich findet man auch morphologisch nicht veränderte Verben, wie in (19). Im Englischen ist dies meistens der Fall, vgl. die Übersetzung von (16a, b) in (20 a, b).

Uns interessiert die Frage, ob den unterschiedlichen syntaktischen Realisationen dieselbe semantische Rolle entspricht oder nicht. Die Lokativvariante in (16a) – (20a) bezeichnet einen vom Agens verursachten Ortswechsel. Das Lokatum erscheint als Akkusativobjekt, das Ziel des Ortswechsels als Adverbialargument. In der Variante (16b) – (20b) wird das Ziel als Akkusativobjekt realisiert und das Lokatum als Präpositionalargument mit der Präposition *mit*. Für diesen Typ von Präpositionalargument wird gelegentlich die Rolle **Ornativ** eingeführt (Ickler 1990, Zifonun et al. 1997: 1316). Die Konstruktion nennt man **Applikativ**.

Ein semantischer Unterschied zwischen den beiden Varianten ist, dass die Applikativkonstruktion eine stärkere (holistische) Affiziertheit des Ziels impliziert, während der Lokativvariante diese

Implikation fehlt. Dies bedeutet, dass im Applikativ das Ziel in einem nennenswerten räumlichen oder temporalen Ausmaß vom Geschehen betroffen ist. So legt (16b) gegenüber (16a) nahe, dass die Schubkarre in einem nennenswerten räumlichen Ausmaß mit Heu gefüllt ist. (17b) impliziert gegenüber (17a) eine größere temporale Ausdehnung, z. B. durch wiederholtes Liefern an die Nachbarn. Wenn diese Möglichkeit nicht gegeben ist, so ist der Applikativ inakzeptabel:

(21) a. Opa lädt zwei Äpfel in einen großen Korb.
      b. #Opa belädt einen großen Korb mit zwei Äpfeln.

(21b) ist nur dann akzeptabel, wenn die zwei Äpfel so groß sind, dass sie einen großen Korb in nennenswertem Umfang füllen.

Ein anderer Unterschied zwischen den zwei Konstruktionen betrifft die Aktionsart (vgl. Dowty 1991). Beide Konstruktionen implizieren, dass der Referent des Akkusativobjekts, in der Lokativkonstruktion das Lokatum und im Applikativ das Ziel, inkrementell affiziert und mithin **inkrementelles Thema** ist. Bei einem inkrementellen Thema wird eine Entität sukzessive (d. h. inkrementell) dem vom Verbalausdruck bezeichneten Ereignis unterzogen, wie z. B. bei *einen Kuchen essen, ein Bier trinken, einen Berg besteigen*. Dabei entsprechen sich jeweils ein Teil des Objekts und ein Teil des Ereignisses (vgl. Krifka 1989). Inkrementelle Affiziertheit ist neben Zustandsveränderung die zweite aktionsartbezogene Patiens-Dimension (vgl. Tab. 3 in Kap. 3.5). Häufig, wie etwa bei *einen Kuchen essen*, aber nicht immer, vgl. *einen Berg besteigen*, impliziert die inkrementelle Affiziertheit eines Partizipanten auch seine Zustandsveränderung.

Die bei inkrementeller Affiziertheit vorliegende Übereinstimmung zwischen der Referenzweise des nominalen und verbalen Ausdrucks kann man wie folgt näher erläutern. Wenn das inkrementelle Thema zählbar ist (*ein Apfel, der Apfel, zwei Äpfel, drei Kisten Äpfel*), resultiert eine telische Lesart der Verbalphrase. Wir erinnern uns (vgl. Kap. 1.3), dass telische Verbalphrasen einen bestimmten Zustandswechsel und mithin einen bestimmten Endpunkt des Geschehens implizieren. Aus diesem Grund ist ein telisches Geschehen in der Zeit zählbar. Wenn das inkrementelle Thema nichtzählbar ist (*Äpfel, Heu*), resultiert eine atelische Lesart der Verbalphrase. Vgl. (22) – (23):

(22) a. Opa lädt drei Dutzend Äpfel in zehn Minuten/#zehn Minuten lang in den Korb.
      b. Opa lädt Äpfel zehn Minuten lang/#in zehn Minuten in den Korb.

(23) a. Opa belädt den Korb mit Äpfeln in zehn Minuten/#zehn Minuten lang.
    b. Opa belädt Körbe mit Äpfeln zehn Minuten lang/#in zehn Minuten.

Den Aktionsartwechsel, den die Zählbarkeit bzw. Nicht-Zählbarkeit des inkrementellen Themas auslöst, illustrieren wir in (22) – (23) mit einem üblichen Test, der Zeitspannenangaben vom Typ *in x Minuten* und Durativangaben vom Typ *x Minuten lang* hinzufügt. Zeitspannenangaben sind nur mit telischen Lesarten verträglich, Durativangaben nur mit atelischen. Der Test funktioniert für eine Lesart, bei der sich das Geschehen in der angegeben Zeit abspielt. So ist *Opa lädt Äpfel in den Korb in zehn Minuten* zwar akzeptabel, aber nicht in der zu testenden Lesart, sondern in einer anderen Lesart, in der Opa erst zehn Minuten später die Tätigkeit beginnt.

Wie der Zeitangabentest zeigt, hängt die Telizität der Verbalphrase von der Referenzweise des Akkusativobjekts ab. Wenn das Ziel als Akkusativobjekt erscheint, ist dieses inkrementell affiziert. Wenn das Lokatum des Ortswechsels als Akkusativobjekt realisiert wird, ist dieses inkrementell affiziert.

Die zwei genannten Unterschiede weisen darauf hin, dass diese Alternation die Rollenkonstellation ändert. In der Lokativvariante haben wir ein inkrementell affiziertes Lokatum und ein Ziel. Im Applikativ erscheint ein inkrementell affiziertes Ziel, das in einem nennenswerten räumlichen oder zeitlichen Ausmaß das Lokatum aufnimmt (holistische Lesart). Die Applikativvariante hat eine spezifischere Bedeutung (vgl. auch Levin/Rappaport Hovav 2005: 186f.), insofern es zwei affizierte Rollen aufweist: ein inkrementell affiziertes Ziel und ein Lokatum, das einen Ortswechsel erfährt.

Die oben genannte stärkere (holistische) Affiziertheit des Objekts in der Applikativkonstruktion könnte eine Folgeerscheinung der inkrementellen Affiziertheit sein (vgl. Dowty 1991). Dies ist allerdings aufgrund intransitiver Lokativkonstruktionen, die an einer ähnlichen Alternation beteiligt sind, fraglich:

(24) a. Die Kühe weiden auf der Almwiese.
    b. Die Kühe beweiden die Almwiese.
(25) a. Die Bäuerin wohnt in einem Herrenhaus.
    b. Die Bäuerin bewohnt ein Herrenhaus.
(26) a. Die Touristen wandern in den Alpen.
    b. Die Touristen bewandern die Alpen.
(27) a. Bilder hängen an der Wand.
    b. Die Wand hängt voller Bilder.
(28) a. Wäsche hängt auf der Leine.
    b. Die Leine hängt voller Wäsche.

(24b) – (28b) teilen mit dem Applikativ die Besonderheit, dass eine Lokalrolle nicht als Adverbial, sondern als Kasusargument realisiert wird und dass der Ort in einem nennenswerten räumlichen oder zeitlichen Ausmaß vom Lokatum in Anspruch genommen wird (vgl. Jackendoff 1990: 172f., Dowty 2000). So impliziert (25b), dass die Bäuerin das gesamte Herrenhaus in Anspruch nimmt. Dies folgt aus (25a) nicht. Dieser Unterschied erklärt auch die Akzeptabilität von *Petra wohnt in Berlin* und die Anomalie von #*Petra bewohnt Berlin*. Unter normalen Umständen kann eine Person nicht in der gesamten Stadt wohnen. Inkrementelle Affiziertheit liegt in (24b) – (28b) nach Maßgabe unseres Zeitangabentests nicht vor: *Die Kühe beweiden die Almwiese/Almwiesen drei Monate lang.* Damit kann holistische Affiziertheit keine Folgeerscheinung inkrementeller Affiziertheit sein.

Es scheint also so zu sein, dass Lokalrollen, die als Kasusargumente realisiert werden, ein nennenswertes (nur situationsabhängig bestimmbares) räumliches oder zeitliches Ausmaß von Involviertheit aufweisen. Diese Dimension fehlt den Lokalrollen, die syntaktisch als Adverbiale fungieren.

Wir haben uns bei den Alternationen, an denen Lokalrollen teilnehmen, auf semantische Rollen konzentriert. Dennoch wollen wir nicht unerwähnt lassen, dass die Wahl einer der beiden Konstruktionen auch von anderen Faktoren abhängt. Zu diesen Faktoren zählen die in Kap. 1.4 eingeführte Topik-Kommentar- und Figur-Grund-Perspektivierung. Wir erinnern an das Fragemuster ‚was ist mit x‘, das x als Topik der Antwortäußerung festlegt:

(29)   Was ist mit dem Motorroller?
       a. Opa hat Heu darauf geladen.
       b. Darauf wurde Heu geladen.
       c. Opa hat ihn mit Heu beladen.
       d. Er wurde mit Heu beladen.

Der Versuch in (29a) und (29b), das als Adverbial realisierte Ziel als Topik zu präsentieren, führt zu einem unangemesseneren Kommunikationsbeitrag als (29c) und (29d), wo das Ziel als Kasusargument erscheint.

Was die kanonische Figur-Grund-Perspektivierung betrifft, so wird bei Lokalrelationen die Figur, das beweglichere und kleinere Lokatum, als Kasusargument und der Grund, der unbewegte und größere Raum, als Lokaladverbial versprachlicht. Dieser kanonischen Lokalisierungsperspektive entspricht die Lokativkonstruktion. Die Applikativkonstruktion weist eine nicht-kanonische Grund-Figur-Perspektive auf, deren Wahl wie oben erläutert einer besonderen, z. B. rollensemantischen oder topikbezogenen, Motivation bedarf. Dies trifft auch auf die Dativalternation zu. Geht es lediglich um einen Ortswechsel, wie in *Opa schreibt einen Brief an die Oma*, so wird die kanonische Figur-Grund-Perspektive der Lokativkonstruktion gewählt. Wird eine Besitzrelation impliziert, so wählt man die für Besitzrelationen charakteristische Grund-Figur-Perspektive, bei welcher der Besitzer bzw. das Ganze in den Vordergrund rückt: *Opa schreibt der Oma einen Brief.*

Aufgabe 14. Erklären Sie die Verteilung rollensemantischer Dimensionen sowie die syntaktische Realisierung der Argumente in (a) – (c) anhand der Ausführungen in Kap. 5.2. Hilfestellung: Versuchen Sie herauszufinden, warum (d) seltsam ist.
(a)   *Opa schenkt Kindern in der Not Geld.*
(b)   *Opa verschenkt Geld an Kinder in der Not.*
(c)   *Opa beschenkt Kinder in der Not mit Geld.*
(d)   *Opa beschenkt das Kind mit einem Euro.*
Aufgabe 15. Dativargumente mit einer possessiven Rolle, wie in (a) und (c), und solche mit einer ausschließlich lokalen Rolle, wie in (b) und (d), haben eine unterschiedliche Grundabfolge. Erklären Sie diesen Unterschied aufgrund der Ausführungen in Kap. 5.2 und Kap. 4.
(a)   *Opa schenkt den Kindern das Büchergeld.*
(b)   *Oma setzt die Blumen der Kälte aus.*
(c)   *Der RWE-Konzern liefert dem Dorf den Strom.*
(d)   *Die RWE-Stromleitung führt den Strom dem Dorf zu.*

5.3   Instrument und Komitativ

Instrument ist die semantische Rolle für eine in der Regel unbelebte Entität, die zusammen mit einem kontrollierenden Verursacher (einem Agens) die vom Prädikat bezeichnete Situation bzw. deren Resultat hervorruft:

(30) a.   Der Einbrecher öffnete den Tresor rücksichtslos mit einer Brechstange.
     b.   Der Tresor wurde rücksichtslos mit einer Brechstange geöffnet.

Ein Instrument setzt ein Agens, d. h. einen kontrollierenden und selbsttätig handelnden Verursacher voraus, der die Entität in Instrument-Funktion physisch manipuliert (vgl. Gruber 1976: 163f., Jackendoff 1990: 142f.). Das Agens wird mitverstanden, auch wenn es wie im Passivsatz (30b) syntaktisch nicht realisiert wird. Dies erkennt man an der agensbezogenen Modalangabe *rücksichtslos* (auch *mit Bedacht, sorglos* u. Ä.)

Ein Instrument ist ein Begleiter des Agens, weil er als Mitverursacher und Mitaffizierender an der Situation beteiligt ist. Das Agens hat die Handlungskontrolle und ist der Initiator und mithin primärer Verursacher des Geschehens. Eine Instrumentphrase zeigt allerdings an, dass das betreffende Geschehen nicht ohne die direkte Beteiligung einer weiteren Entität zustande gekommen wäre, die unter Kontrolle des Agens steht und die das Agens als Mittel zur Erreichung seines Ziels einsetzt. So beschreibt (30) eine Situation, in welcher der Tresor nicht allein vom Einbrecher, sondern unter Mitbeteiligung der Brechstange geöffnet wird.

Einige Forscher (z. B. Fillmore 1968) klassifizieren die Subjekte in (31a-c) unterschiedslos als Instrument, da die entsprechenden Entitäten das vom Prädikat bezeichnete Geschehen verursachen:

(31) a. Dieser Schlüssel öffnete den Tresor. [#]Der Tresor wurde von diesem Schlüssel geöffnet.
   b. Die Windbö riss den Fensterladen auf. Der Fensterladen wurde von der Windbö aufgerissen.
   c. Der Regen weichte den Boden auf. Der Boden wurde vom Regen aufgeweicht.

Wir unterscheiden zwischen Instrument in (31a) und **Kraft** (engl. *force*) in (31b, c). Der Grund ist, dass eine Kraft über genügend Eigenenergie verfügt, um die Situation selbständig hervorzurufen, während dies bei einem Instrument im engeren Sinne nicht der Fall ist. Mithin hat nur die Kraft-Rolle die Proto-Agens-Dimension der selbstinduzierten Bewegung. Dies zeigt sich im Passiv, wie in (31) illustriert.

Als Agensbegleiter rückt das Instrument in die Nähe des **Komitativs** (vgl. lat. *comitātum* ‚begleitet‘). Auch beim Komitativ liegt eine Mitbeteiligung vor:

(32) a. Der Einbrecher telefoniert mit seinem Komplizen.
   b. Er flieht mit ihm aus der Stadt.
   c. Der Komplize packt das Geld mit den Diamanten in den Koffer.

Die Mitbeteiligung bezieht sich meistens auf das Agens, wie in (32a, b), weswegen diese Variante des Komitativs auch als Ko-Agens klassifiziert wird (vgl. Zifonun et al. 1997). Die Person oder Sache in der agensbezogenen Komitativ-Rolle ist in einer ähnlichen oder gleichen Weise an der vom Prädikat bezeichneten Situation beteiligt wie das Agens. Daher beschreiben Sätze mit einem agensbezogenen Komitativ oft eine rollensemantisch symmetrische Situation, wie in (32a, b). Wenn z. B. der Einbrecher mit dem Komplizen flieht, dann flieht auch der Komplize mit dem Einbrecher.

Der Komitativ kann sich auch auf das Patiens beziehen. In (32c) sind Patiens und Komitativ in gleicher Weise an der vom Prädikat bezeichneten Situation beteiligt bzw. von dieser affiziert. Aus (32c) folgt, dass der Komplize im Verlauf des Ereignisses sowohl das Geld als auch die Diamanten in den Koffer packt. In solchen Fällen kann man von einem **Ko-Patiens** sprechen.

Was die syntaktische Realisierung von Instrument und Komitativ betrifft, so ist das entsprechende Satzglied schwierig als Argument (Ergänzung) oder Modifikator (Angabe) zu bestimmen (vgl. Beckmann 1994, Welke 2005). In vielen Sprachen fallen Instrumente und Komitative formal zusammen, vgl. *mit* im Deutschen und *with* im Englischen (Seiler 1974, Stolz et al. 2006). Es gibt allerdings auch Sprachen wie etwa das Russische, die über einen Instrumentalkasus verfügen. Einen Komitativkasus haben das Finnische und Ungarische.

Aufgabe 16. Testen Sie mit Hilfe von agensbezogenen Adverbialen wie etwa *sorgfältig, mit viel Geschick* u. Ä., ob sowohl in (a) als auch in (b) eine Agensrolle semantisch impliziert ist. Beachten Sie dabei, dass es nicht darum geht, was tatsächlich in der Welt vorkommen kann oder nicht, sondern darum, welche Rollen in einer Konstruktion semantisch manifest sind. Nehmen Sie anschließend Stellung zu der Annahme, dass in beiden Fällen ein Instrument im engeren Sinn vorliegt (vgl. hierzu Schlesinger 1989).
(a)   *Dieser Schlüssel öffnete den Tresor.*
(b)   *Mit diesem Schlüssel wurde der Tresor geöffnet.*
Aufgabe 17. Erklären Sie die Verteilung rollensemantischer Dimensionen sowie die syntaktische Realisierung der Argumente in (a) und (b) anhand der Ausführungen in Kap. 5.3:
(a)   *Oma spricht zu den Toten.*
(b)   *Oma spricht mit den Toten.*

5.4 Lokalistische Rollenauffassung

In diesem Abschnitt wenden wir uns der **lokalistischen** Rollenauffassung zu. Vertreter lokalistischer Ansätze argumentieren, dass wir alle Ereignisse in Analogie zu räumlichen Vorgängen konzeptualisieren. Ein prominenter Vertreter dieser Forschungsrichtung ist Ray Jackendoff (vgl. auch Gruber 1976, 2001, Anderson 1977, Rauh 1988). Jackendoff (1990, 1993) bedient sich der semantischen Dekomposition (vgl. auch Kap. 4.3) und führt drei lokale Grundrelationen ein: GO, BE und STAY. Diese Grundrelationen definieren zunächst lokale Rollen wie angegeben (Jackendoff 1990: 26):

(33) a. [$_{Event}$ GO([$_{Thing}$ X], [$_{Path}$ Y])]   X Theme, Y Path
      b. [$_{State}$ BE([$_{Thing}$ X], [$_{Place}$ Y])]   X Theme, Y Place
      c. [$_{Event}$ STAY([$_{Thing}$ X], [$_{Place}$ Y])]   X Theme, Y Place

Die tiefergestellten Angaben sind semantische Kategorien: Ereignis (*Event*), Zustand (*State*), Objekt (*Thing*), Weg (*Path*) und Position (*Place*). Das Lokatum bezeichnet Jackendoff wie viele andere als Thema (*Theme*).

Kausation und Affiziertheit gehören einer anderen Rollenschicht an (*action tier*) und werden mit Hilfe der Grundrelationen CAUSE und AFF eingeführt. Deren erstes Argument wird als Verursacher bzw. Agens und deren zweites Argument als Patiens definiert. AFF kann auch einstellig sein, wenn nur ein Agens ohne Patiensaffizierung oder nur ein Patiens ohne Agenskausation vorliegt (Jackendoff 1993: 34):

(34) Bill entered the room

$$\left[_{Event} \begin{array}{l} \text{GO}([_{Thing} \text{ BILL}], [_{Path} \text{ TO }([_{Place} \text{ IN }([_{Thing} \text{ ROOM}])])]) \\ \text{AFF}([\text{BILL}],) \end{array} \right]$$

Diese strukturelle Analyse besagt Folgendes: Im Zuge eines Ereignisses erfährt Bill einen Ortswechsel in ein bestimmtes Zimmer (*thematic tier*). Dieses Ereignis verursacht er als Agens, ohne dabei einen anderen Partizipanten zu affizieren (*action tier*). Dies wird in (34) dadurch notiert, dass dem Komma in AFF([Bill],) kein weiteres Argument folgt.

Die Grundrelationen CAUSE und AFF werden durch weitere Merkmale ausdifferenziert, z. B. AFF^{+vol} für ein absichtlich (volitional) handelndes Agens, AFF^{-vol} für einen nicht-absichtlichen Verursacher. Hinzu kommen weitere Grundrelationen wie etwa REACT für psychische Zustände.

Die Grundrelationen GO, BE und STAY werden nach vier semantischen Feldern ausdifferenziert: Lokalisation, Besitz, Identifikation (Eigenschaftsattribution) und Zeit, wobei Lokalisation das grundlegende Feld ist. Jackendoffs Annahme ist, dass diese Grundrelationen sowie die Spezifikationen von Weg und Position, wie etwa FROM, TO, AT, IN, auch auf besitz-, eigenschafts- und zeitbezogene Rollen übertragbar sind. Wir illustrieren zunächst das Besitzfeld anhand englischer Beispiele, denen wir deutsche Übersetzungen hinzugefügt haben:

(35) a. Ann got the doll. (Anna erhielt die Puppe.)
          [$_{Event}$ GO$_{poss}$([$_{Thing}$ DOLL], [$_{Path}$ TO([$_{Thing}$ ANN])])]

b. Ann owns the doll. (Anna besitzt die Puppe.)
   [$_{State}$ BE$_{poss}$([$_{Thing}$ DOLL], [$_{Place}$ AT([$_{Thing}$ ANN])])]
c. Ann kept the doll. (Anna behielt die Puppe.)
   [$_{Event}$ STAY$_{poss}$([$_{Thing}$ DOLL], [$_{Place}$ AT([$_{Thing}$ ANN])])]

Wie ein Vergleich zwischen (33) und (35) zeigt, unterscheidet sich bei Jackendoff die Bedeutungsstruktur eines possessiven Verbs nicht von der eines Positions- oder Ortswechselverbs. Man vergleiche auch (35a) mit der thematischen Schicht von (34). Der Unterschied liegt allein am possessiven Index. Das Strukturschema ändert sich dadurch nicht. Damit kann Jackendoff systematische Fälle von Polysemie erklären. So kann man ein Verb wie *gehen* lokal oder besitzbezogen interpretieren: *Opa geht an den Waldrand*; *Die Erbschaft geht an Max.*

In der Literatur prominent diskutiert ist die sprachenübergreifende Konzeptualisierung von Zeitrelationen (vgl. (36a) – (38a)) als Lokalrelationen (vgl. (36b) – (38b)). Wir sprechen in unserem Zusammenhang von **Temporalrollen** (auch **Temporativ**, vgl. Zifonun et al. 1997: 1331).

(36) GO-Strukturschema (Path- bzw. Ziel-Rolle):
   a. Die Vorlesung wurde in das Wintersemester gelegt.
   b. Die Wäsche wurde in den Schrank gelegt.
(37) BE-Strukturschema (Place-Rolle):
   a. Die Vorlesung ist am Montag.
   b. Opas Haus ist am Dorfrand.
(38) STAY-Strukturschema (Place-Rolle):
   a. Die Vorlesung bleibt im Wintersemester.
   b. Die Wäsche bleibt im Schrank.

Jackendoffs lokalistische These lässt sich dadurch bestätigen, dass viele Präpositionen mit lokaler Bedeutung auch Temporalrollen spezifizieren. Allerdings sind einige Präpositionen bei Temporalrollen konventionalisiert. So kann man in (36a) anstelle von *in das Wintersemester* auch *auf das Wintersemester* verwenden, während man in (36b) *in den Schrank* nicht ohne Bedeutungsverschiebung durch *auf den Schrank* ersetzen kann. Für Temporalrollen des BE-Schemas verwendet man z. B. im Englischen *at two o'clock* oder *on Monday*, während man im Deutschen *um zwei Uhr* und *am Montag* wählt. Auch die Kasusrealisierung der lokalen und temporalen Rollen zeigt bemerkenswerte Parallelen, aber auch geringfügige Unterschiede (wie in Klammern angegeben):

(39) Genitivnominalphrasen in Temporal- oder Lokalrolle:
   a. Opa bekommt eines Tages Besuch von der Nachbarin. (Place$_{Temp}$)
   b. Opa geht des Weges. (Path$_{Spatial}$)

(40) Akkusativnominalphrasen in Temporal- oder Lokalrolle:
  a. Opa besucht jeden Tag eine andere Nachbarin. (Place$_{Temp}$)
  b. Die Tagung dauert den ganzen Tag. (Path$_{Temp}$)
  c. Max radelt den Berg hinauf. (Path$_{Spatial}$)

Den meisten Lokal- und Temporalrollen entsprechen syntaktisch valenzfreie Angaben (Modifikatoren). Valenzfreie Temporalangaben illustrieren (39a) und (40a). Die temporal gebrauchten Verben in (36a) – (38a) weisen valenznotwendige Temporaladverbiale auf. Verben, die eine ausschließlich temporale Bedeutung haben, sind selten. Eines dieser seltenen Verben ist *dauern* in (40b), dessen Temporalrolle syntaktisch ebenfalls als valenznotwendiges Adverbial kodiert ist. Die Adverbialfunktion erkennt man daran, dass die Temporalrolle nicht nur als Nominalphrase im Akkusativ, wie in (40b), sondern auch als Präpositionalphrase oder Adverb realisiert werden kann: *Die Tagung dauert bis zum Abend; Die Sitzung dauert lange.*

Trotz der genannten Vorteile stößt Jackendoffs streng lokalistische Hypothese besonders im Identifikationsfeld auf Grenzen, vgl. *das Licht ist rot; die Blätter vergilbten; das Feuer schwärzte das Gebäude ein.* Auch für solche Situationen nimmt Jackendoff die in (33) angegebenen lokalen Grundschemata an. Allerdings ist fraglich, ob das lokale BE-Schema in (33b), das Jackendoff für *das Licht ist rot* annimmt, für die Bedeutung solcher Sätze nötig oder gar angemessen ist.

Auch Jackendoffs Annahme, dass possessive und lokale Relationen strukturell identisch sind, ist problematisch. Die Argumentabfolge in einer Besitzrelation unterscheidet sich von der Argumentabfolge in einer Lokalrelation: POSS(x, y) entspricht BE$_{POSS}$([$_{Thing}$ y], [$_{Place}$ x]) und nicht wie bei Jackendoff BE$_{POSS}$([$_{Thing}$ x], [$_{Place}$ y]). Die unterschiedliche Argumentabfolge zeigt sich darin, dass possessive Rollen den Dativ bevorzugen und lokale Rollen diesen Kasus meiden. Dies haben wir in Kap. 4.5 und 5.2 dadurch erklärt, dass der Dativ bei allen Verbtypen für das erste Argument einer semantischen Relation bevorzugt wird. Diese Bedingung erfüllt x in POSS(x, y), nicht jedoch x in BE$_{POSS}$([$_{Thing}$ y], [$_{Place}$ x]), womit der Kodierungsunterschied erklärt werden kann. Da für Jackendoff die Argumentabfolge im lokalen und possessiven Strukturschema identisch ist, kann er diesen Kodierungsunterschied nicht erfassen.

Auch die unterschiedliche Grundabfolge von possessiven und lokalen Argumenten ist für Jackendoff ein Problem. Vgl. *Max gab dem Kind den Apfel* vs. *Max setzte das Kind der Kälte aus; Max nahm vom Opa drei Äpfel* vs. *Max nahm drei Äpfel vom Tisch* (vgl.

Kap. 4). Wir erinnern uns, dass in der Grundabfolge eine agentivischere Rolle einer weniger agentivischen vorausgeht und dass ein Dativargument in der Regel eine agentivische Rolle, d. h. x in PRÄDIKAT(x, y), indiziert. Während das Argument x in POSS(x, y) aufgrund seiner Erststellung als agentivisch ausgewiesen ist, gilt dies für das Place-Argument x in $BE_{POSS}([_{Thing} y], [_{Place} x])$ nicht.

Ungeachtet dieser Probleme kann Jackendoff viele Erscheinungen erklären, die für die Analyse mit eindimensionalen Rollen problematisch sind. So kann er die Kumulation von Kausation, Possession und Lokation, die u. a. bei Besitzwechselverben vorkommt, aufgrund der verschiedenen rollensemantischen Schichten, Relationen und Merkmale beschreiben. Ebenso kann die Dispersion der Besitzerrolle (Vor- und Nachbesitzer) erfasst werden.

5.5 Zusammenfassung

In diesem Kapitel lag das Hauptaugenmerk auf Lokalrollen: Position, Ursprung, Weg, Richtung und Ziel. Die letzten vier Rollen bilden ein vollständiges Ortswechselschema: *Max radelt aus dem Dorf durch den Wald nach Süden in die Stadt.* Die lokalisierte Entität ist das Lokatum (in vielen Ansätzen das Thema).

Die syntaktische Realisierung von Lokalrollen kann alternieren. Sowohl bei der Dativalternation als auch bei der Lokativalternation konnten wir rollensemantische Unterschiede ausmachen. Dabei sind für die Wahl einer der beiden Konstruktionen auch andere Faktoren wie Topik-Kommentar und Figur-Grund-Perspektivierung relevant.

Die Dativalternation ist uneingeschränkt bei Verben, die eine Besitzwechsel- und Ortswechsel-Lesart haben, wie z. B. *schicken, senden, vermieten, leihen, aushändigen, weiterreichen, abgeben.* Für den Dativ ist die Besitzwechsel-Lesart maßgeblich. Die Dativkonstruktion kommt für ein lokales Ziel ohne possessive Interpretation nicht in Frage: *Opa schickte den Enkel an die See. *Opa schickte der See den Enkel.* Für die reine Ortswechsel-Lesart wählt man die Präpositionalkonstruktion. Eine Besitzrelation kann allerdings bei Argumenten angereichert werden, die eine Person bezeichnen: *Opa schickte eine SMS an seinen Enkel.*

Bei der Lokativalternation machen sich zwei rollensemantische Unterschiede bemerkbar. Beide Varianten implizieren einen Ortswechsel mit lokativem Ziel und Lokatum. Beide Varianten weisen ein Akkusativobjekt auf, das im Zuge des Ereignisses inkrementell affiziert wird (inkrementelles Thema). In der Lokativkonstruktion haben wir ein inkrementell affiziertes Lokatum und ein Ziel: *Opa pinselt Farbe auf den Motorroller.* Die Applikativkonstruktion weist ein inkrementell affiziertes Ziel auf, das in einem nennenswerten räumlichen oder temporalen Ausmaß vom Geschehen betroffen ist (holistische Lesart): *Opa bepinselt den Motorroller mit Farbe.*

Komitativ und Instrument lassen sich dadurch charakterisieren, dass eine Rolle auf zwei Partizipanten verteilt ist. Beim Komitativ liegt eine Mitbeteiligung mit dem Agens (*Der Einbrecher telefoniert mit seinem Komplizen*) oder Patiens vor (*Der Komplize packt das Geld mit den Diamanten in den Koffer*). Instrument ist eine Agensbegleiter-Rolle: *Opa beschmierte den Motorroller mit einem alten Pinsel.* Von Instrument haben wir Kraft abgesetzt: *Die Tsunamiwelle zerstörte drei Häuser.* Der wesentliche Unterschied zum Instrument ist, dass eine Kraft die Proto-Agens-Dimension der selbstinduzierten Energie bzw. Bewegung aufweist.

Im letzten Abschnitt haben wir auch Temporalrollen behandelt. Wir folgten weitgehend der lokalistischen Annahme Jackendoffs, dass Temporalrollen analog zu Lokalrollen konzeptualisiert und syntaktisch realisiert werden. Mit den Temporalrollen schließen wir die Behandlung aller wichtigeren, in der einschlägigen Forschung berücksichtigten semantischen Rollen ab.

Wir sind in den bisherigen Kapiteln immer wieder auf Fälle gestoßen, in denen (i) ein syntaktisches Argument mehr als eine semantische Rolle trägt (Rollenkumulation), (ii) dieselbe semantische Rolle bei mehr als einem Argument auftritt (Rollendispersion) und (iii) semantische Rollen bei manchen Erscheinungen zusammenfallen (Rollenzusammenfall). Solche Fälle bieten Rollenauffassungen Probleme, die in der Nachfolge Charles Fillmores eine Liste von eindimensionalen Rollen aufstellen. Daher haben wir in diesem Buch mehrere alternative mehrdimensionale Rollenanalysen vorgestellt. Kap. 4.3 war dem strukturellen Dekompositionsansatz von Dieter Wunderlich gewidmet. Im Verlauf des Buches folgten wir weitgehend David Dowtys Proto-Rollenauffassung (vgl. besonders Kap. 2.3 und Kap. 3.4). In diesem Kapitel haben wir Ray Jackendoffs lokalistischen Ansatz präsentiert. Im Rückblick betrachtet haben wir die wichtigsten rollensemantischen Forschungsrichtungen anhand prominenter Vertreter kennengelernt.

Die wichtigsten in diesem Buch behandelten Rollen haben wir aus einigen grundlegenderen Relationen (auch Komponenten oder Dimensionen genannt) abgeleitet, die in (41) – (45) aufgelistet und mit Beipielen illustriert werden (die relevante Rolle ist fett gedruckt):

(41) Proto-Agens-Dimensionen und Proto-Agens-Rollen (vgl. Kap. 2.3)

    a. Verursachung (Verursacher, Ursache): *Rauchen* verursacht *Krebs.* **Dem Opa** *zerbrach die Vase.*

    b. Handlungskontrolle: **Der Opa** *unterlässt das Rauchen.*

    c. Sentience (Experiencer, Zustandsträger): **Die Oma** *kennt den Nachbarn.* **Der Oma** *schmeckt dieser Wein.* *Die Oma erzählt* **ihrem Enkel** (Adressat) *schöne Geschichten.*

    d. Selbstinduzierte Bewegung (Vorgangsträger, Kraft): **Die Rose** *blühte.* **Die Windbö** *riss die Fensterläden auf.*

    e. Besitz (Besitzer, Possessor): **Der Opa** *besitzt einen Roller.* **Dem Opa** *gehören drei Häuser.* **Max** (Vorbesitzer) *verkauft* **dem Opa** (Nachbesitzer, Rezipient) *seinen Helm.* *Die Oma häkelt* **ihrem Enkel** (Nachbesitzer, Benefaktiv) *einen Schal.*

Mindestens Handlungskontrollfähigkeit, Sentience und selbstinduzierte Bewegung (Agens-Prototyp): **Die Oma** *häkelt.* **Der Opa** *zerbrach die Vase.*

(42) Proto-Agens-Begleiter mit mindestens einer der in (41) genannten Proto-Agens-Dimensionen

    a. Ko-Agens (vgl. Kap. 4.5): *Die Polizei folgt* **dem Einbrecher.** *Max hilft* **der Oma.**

    b. Instrument (vgl. Kap. 5.3): *Der Einbrecher öffnete den Tresor* **mit der Brechstange.**

    c. Komitativ als Ko-Agens: *Die Polizei telefoniert* **mit dem Einbrecher.**

(43) Proto-Patiens-Dimensionen und Proto-Patiens-Rollen (vgl. Kap. 3.4)

    a. Kausal affiziert: *Rauchen verursacht* **Krebs.** *Max kämmt* **die Oma** (Patiens Standardauffassung)

    b. Gegenstand eines psychischen Zustands bzw. von Sentience: *Die Oma kennt* **den Nachbarn.** *Der Oma schmeckt* **dieser Wein.**

    c. Bewegt bzw. physisch manipuliert (Ziel selbstinduzierter Bewegung): *Max kämmt* **die Oma** (Patiens Standardauffassung)

    d. Besitzgegenstand (Possessum): *Der Opa besitzt* **einen Roller.** *Dem Opa gehören* **drei Häuser.** *Max verkauft dem Opa* **seinen Helm.**

(44) Aktionsartbezogene Proto-Patiens-Dimensionen

    a. Zustandsveränderung (Thema, vgl. Kap. 3.1): **Die Rose** *verblühte.* *Dem Opa zerbrach* **die Vase.**

    b. Inkrementell affiziert (inkrementelles Thema, vgl. Kap. 5.2): *Opa belud* **den Motoroller** *mit Heu.*

(45) a. Lokalrollen (vgl. Kap. 5): *Die Oma radelt* **von zuhause durch den Wald in die Stadt.**

    b. Temporalrollen (vgl. Kap. 5.4): *Die Sitzung dauerte* **drei Stunden lang.**

Wie in (41) und (42) gezeigt, lassen sich Proto-Agens und Proto-Patiens mit Hilfe derselben Konzepte charakterisieren: Kausalität, Sentience, selbstinduzierte Bewegung, Besitz, die isoliert oder in verschiedenen Kombinationen (Rollenkumulation) miteinander auftreten. Diese Konzepte haben wir durch aktionsartbezogene, lokale und temporale Grundbegriffe ergänzt, die auch in Kombination mit Proto-Agens- oder Proto-Patiens-Dimensionen auftreten können. Mit dieser Methode lassen sich aufgrund einer überschaubaren Zahl von Grundbegriffen sowohl feinkörnige rollensemantische Unterschiede, die z. B. bei Argumentalternationen eine Rolle spielen, als auch Gemeinsamkeiten zwischen Rollen (Rollenzusammenfall) angemessen beschreiben. Des Weiteren kommt man auch mit Rollenkumulation und Rollendispersion gut zurecht.

Grundbegriffe: Lokativ, Position, Ursprung (auch Quelle), Weg, Richtung (auch Direktional, Direktiv), Ziel (engl. *goal*), Lokatum, Dativ-, Benefaktiv-, Lokativalternation, Applikativ, Ornativ, inkrementelles Thema, Instrument, Kraft, Komitativ, Temporalrolle (auch Temporativ), lokalistische Rollenauffassung

Weiterführende Literatur: Zu lokalen Rollen vgl. Bierwisch (1988), Jackendoff (1990), Maienborn (1991, 1996) und Lestrade (2010). Zu Instrument vgl. Fillmore (1968), Schlesinger (1989), Jackendoff (1990: 142f.), Kunze (1991: 200f.). Zu Komitativ vgl. Seiler (1974), Kunze (1992), Stolz et al. (2006).

6 Nicht-verbale Rollenzuweiser

Unter den Wortarten haben Vollverben wie *schenken* und *öffnen* eine komplexe Ereignis- und Argumentstruktur. Im Vergleich dazu ist die syntaktische und semantische Struktur von Präpositionen, Adjektiven und Nomen quantitativ und qualitativ weniger ausdifferenziert. Funktionswörtern wie etwa subordinierenden Konjunktionen spricht man die Fähigkeit ab, semantische Rollen zuzuweisen. Vgl. z. B. *dass* in *Max freute sich, dass der Opa jedem den Motorroller vorführte.* Aus diesem Grund haben wir uns in Einklang mit der rollensemantischen Forschung vornehmlich mit Vollverben beschäftigt. In diesem Kapitel wenden wir uns semantischen Rollen bei Präpositionen (Kap. 6.1), Adjektiven (Kap. 6.2) und Nomen (Kap. 6.3) zu.

6.1 Präpositionen

Im Zusammenhang mit semantischen Rollen prominent diskutiert sind Präpositionen mit lokaler Bedeutung. Sie weisen ihrem syntaktischen Argument eine Lokalrolle zu, bei der es sich um eine nähere Spezifikation einer Ortswechselrolle oder einer Position handelt. Wir folgen hier dem in Kap. 5.4 vorgestellten lokalistischen Ansatz von Ray Jackendoff (1990). Jackendoff postuliert die drei Grundrelationen GO, BE und STAY sowie Spezifikationen von Weg und Position, wie etwa TO, AT, IN, FROM. Eine solche lokale Spezifikation zeigt (1c) für die englischen Beispiele in (1a) und (1b), denen wir deutsche Übersetzungen hinzufügen. Die Ziel-Rolle ist ein Weg, der an einem Ort endet, und ist in (1d) repräsentiert. Sie kann als Präposition, wie in (1a), oder bei manchen Verben ohne Präposition, wie in (1b), realisiert werden:

(1) a. Bill went into the room. (Willi ging ins Zimmer.)
 b. Bill entered the room. (Willi betrat das Zimmer.)
 c. [$_{Event}$ GO([$_{Thing}$ BILL], [$_{Path}$ TO ([$_{Place}$ IN ([$_{Thing}$ ROOM])])])]
 d. [$_{Path}$ TO [$_{Place}$ IN [$_{Thing}$ Y]]]

Vertreter lokalistischer Ansätze gehen davon aus, dass wir alle Ereignisse in Analogie zu räumlichen Vorgängen konzeptualisieren. Diese These lässt sich dadurch bestätigen, dass viele Präpositionen mit lokaler Bedeutung auch temporal interpretierbar sind:

(2) a. Das Haus ist am Dorfrand.
 [$_{State}$ BE$_{Spatial}$([$_{Thing}$ HAUS], [$_{Place}$ AT([$_{Thing}$ DORFRAND])])]
 b. Die Sitzung ist am Montag.
 [$_{State}$ BE$_{Temp}$([$_{Thing}$ SITZUNG], [$_{Place}$ AT([$_{Thing}$ MONTAG])])]

Bei genauerer Betrachtung weist jede Präposition eine Bedeutungsvielfalt auf, die auch einem lokalistischen Ansatz Probleme bereitet. Vgl. für *an* neben der in (2) illustrierten lokalen und temporalen Bedeutung auch die abstrakteren Bedeutungen in (3):

(3) a. Oma ist am Häkeln.
 b. Opa arbeitet an einem Roman.
 c. Max denkt oft an seine Großeltern.

Problematisch für lokalistische Ansätze sind auch Präpositionen wie *für*, die keine lokale Grundbedeutung haben: *Max arbeitet für die Nachbarin.*

Wie die Fälle in (1) bis (3) zeigen, kann der semantische Beitrag einer Präposition nur zusammen mit dem verbalen Prädikat und seinen weiteren Argumenten bestimmt werden. Bei Präpositionen, die den Akkusativ oder Dativ regieren (z. B. *an, auf, neben, über*), hängt auch die Kasuswahl vom verbalen Prädikat ab. Bei Präpositionalobjekten bestimmt etwa das Verb *denken* auf eine unvorhersagbare Weise den Akkusativ, wie in (3c). Das Verb *warten* fordert ein Präpositionalobjekt mit Akkusativergänzung (*Oma wartet auf die Diagnose*), während *basieren* bei derselben Präposition den Dativ bestimmt (*Omas Behandlung basiert auf einer Fehldiagnose*).

In (3a) und (3b) ist der Dativ des Präpositionsarguments aufgrund der jeweiligen Konstruktion vorhersagbar. Ebenfalls vorhersagbar ist der Dativ oder Akkusativ bei einer Position- oder Ortswechselrolle, falls die Präposition beide Kasus regiert:

(4) a. Max wohnt in einem Dorf.
  b. Er radelt in die Stadt.
  c. Der Pfad führt über eine Brücke in die Stadt.
(5) a. die Brücke über dem Haus
  b. die Brücke über die Donau

Bei einer Position wird der Dativ, bei einer Ortswechselrolle wie Weg, Direktional oder Ziel wird der Akkusativ gewählt. Entscheidend für die Wahl des Akkusativs ist nicht die Fortbewegung des Lokatums, d. h. sein Positionswechsel in der Zeit, wie in (4b). Vielmehr geht es darum, dass die Lokalisierung auf zwei verschiedene Positionen des Lokatums Bezug nimmt, wie in (4c) und (5b). Charakteristisch für Pfade und Brücken ist nämlich, dass sie zwei verschiedene Orte verbinden. Beim Akkusativ in (5b) geht es darum, dass die Brücke zwei Seiten der Donau verbindet. In (5a) hingegen wird die Brücke nur relativ zur Position des Hauses betrachtet. Daher wählt man den Dativ.

Die hier erläuterte zeitunabhängige Auffassung einer Ortswechselrolle ermöglicht es, Fälle wie in (4c) und (5b) ohne Rückgriff auf eine imaginäre Fortbewegung eines unbeweglichen Lokatums zu erklären.

Aufgabe 18. Erklären Sie die Kasuswahl in folgenden Fällen auf der Grundlage der Ausführungen in Kap. 6.1: *ein Schlag hinter dem Vorhang, ein Blick hinter den Vorhang, die Straße in der Stadt, die Straße in die Stadt, ein Bild an der Wand, ein Schlag an die Wand.*

6.2 Adjektive

Semantische Rollen beim Adjektiv werden in der Forschung vornehmlich im Zusammenhang mit verbalen Prädikaten, die Eigenschaften und Zustände bezeichnen, behandelt. Wie die folgenden

Beispiele zeigen, bilden Adjektive mit einem Kopulaverb wie *sein* oder *werden* ein verbales Prädikat. Die meisten Adjektiv-Kopula-Konstruktionen bezeichnen, wie in Beispiel (6), Eigenschaften oder Zustände.

(6)   a. Opa ist alt.
        b. Opa wird alt.

Die semantische Rolle, die das Subjekt solcher Konstruktionen trägt, wird mehrheitlich als Thema klassifiziert. Im Falle einer Veränderung des Partizipanten, wie in (6b), liegt tatsächlich eine Affinität zu einem Patiens vor. Wie in Kap. 2 erörtert, ist eine Eigenschafts- bzw. Zustandsveränderung eine Patiensdimension. Schwieriger ist es, für (6a) eine semantische Rolle anzugeben. Die Notwendigkeit, eine semantische Rolle, wie etwa Thema, auch für solche Fälle bereitzustellen, ist dem Rollenkriterium geschuldet, demzufolge jedem syntaktischen Argument genau eine semantische Rolle entsprechen muss. Dowtys Proto-Rollen-Ansatz (1991) verzichtet auf das problematische Rollenkriterium und stipuliert für solche Fälle keine semantische Rolle. Das zur Diskussion stehende semantische Argument fällt weder unter Proto-Agens noch unter Proto-Patiens.

Adjektivkonstruktionen können auch psychische Zustände bezeichnen. In Kap. 2.3 haben wir psychische Zustände unter Sentience zusammengefasst. Sentience hat verschiedene Ausprägungen, u. a. Wahrnehmung (*Das kleine Kätzchen ist noch blind*), Empfindung (*Oma ist müde*), Emotion (*Max ist dem Opa sehr lieb*), Bewertung (*Dem Opa ist der Motorroller wichtig*) oder ein epistemischer (d. h. wissensbezogener) Zustand (*Dem Max ist dies bewusst*). Jeder psychische Zustand setzt einen Experiencer voraus. Diese Rolle haben wir als agensähnlich klassifiziert. Daher ist für sie das Dativ-Prinzip einschlägig (vgl. Kap. 4.5). Die Konstruktionsvariation in (7) und (8) zeigt den Unterschied zwischen einem rollensemantisch nicht ausgeprägten Argument im Nominativ, wie in (7a) und (8a), und einem Experiencer im Dativ, wie in (7b) und (8b):

(7)   a. Das Essen ist kalt.
        b. Der Oma ist kalt.
(8)   a. Opas Gesundheit ist wichtig.
        b. Opas Gesundheit ist der Oma wichtig.

Konstruktionen mit *dativus iudicantis* wie in (8b) drücken aus, dass der von der Dativnominalphrase bezeichnete Partizipant den Sachverhalt bewertet. Im Gegensatz dazu stellt die Kopulakonstruktion ohne Dativerweiterung (8a) den Sachverhalt von einem generellen Standpunkt aus dar. Dass einem rollensemantisch nicht ausgeprägten Argument wie in (7a) und (8a) der Nominativ zufällt, ist nicht rollensemantisch motiviert, sondern dem formalen Subjektprinzip geschuldet: Jeder Satz hat ein Nominativsubjekt (vgl. Kap. 2.2).

Einige Adjektive wie etwa *nett, vorsichtig, höflich* und *hilfsbereit* können sich auf implizite Handlungen beziehen:

(9) a. Max bemüht sich, zur Nachbarin nett zu sein.
     b. Sei vorsichtig mit dem Motorroller!

In solchen Fällen lässt sich der Subjektpartizipant als kontrollfähiges Agens interpretieren.

Aufgabe 19. Erklären Sie die Kasuswahl in (a) – (d) auf der Grundlage der Ausführungen in Kap. 6.2:

(a) *Die Suppe ist heiß.*
(b) *Der Oma ist die Suppe zu heiß.*
(c) *Manche Menschen sind schlecht.*
(d) *Dem Opa ist schlecht.*

6.3 Nomen

Nomenbezogene semantische Rollen werden in der Forschung insbesondere im Zusammenhang mit deverbalen Wortbildungsprozessen behandelt. Hierbei geht es primär um die Frage, welche Argumente der verbalen Basis von der Nominalisierung übernommen werden. Man spricht in diesem Zusammenhang von **Argumentvererbung**. Die Rollenstruktur der Nominalisierung ergibt sich zum einen aus der Rollenstruktur der verbalen Basis, zum anderen aus der Rollenselektion des Wortbildungsaffixes. So kann man aus *lesen Leser*, aus *rauchen Raucher*, aus *arbeiten Arbeiter* usf. bilden. Das Suffix *-er* bewirkt, dass die Nominalisierung das Agens der verbalen Basis bezeichnet. Daher steht die Agensrolle für die Nominalisierung nicht mehr zur Verfügung. Hat die verbale Basis weitere Argumente, so werden diese vererbt und können als Erstglied (*Zeitungsleser, Zigarettenraucher*) oder Attribut realisiert werden (*die Leser von Liebesromanen, der Leser dieses Briefes*). Da wir uns in diesem Buch nicht speziell mit Wortbildung beschäftigen, werden wir im Folgenden nur Nominalisierungen ins Auge fassen, deren Rollenstruktur durch die Wortbildung wenig verändert wird. Zu diesen zählen nominalisierte Infinitive, wie *das Übersetzen*,

Nominalisierungen mit *-ung*, wie *die Übersetzung*, sowie deverbale Nomen wie *der Schlag* und *der Sprung*.

Partizipanten-Rollen, die von der Bedeutung eines Nomens impliziert werden, können als Possessivpronomen (*sein Sprung*), als Genitivattribut (*die Übersetzung des Romans*) oder als Präpositionalattribut (*die Hoffnung auf Frieden, der Ärger über Max*) syntaktisch realisiert werden (vgl. eingehender Hölzner 2007: 169f.). In einigen Varietäten des Deutschen gibt es auch eine Dativ-Besitzer-Konstruktion: *dem Vater sein Hut*.

Die Rollenstruktur einer Nominalisierung hängt in entscheidendem Maß von ihrer Ereignisstruktur (auch Aktionsart) ab. Es gibt Nominalisierungen, die Ereignisse, also Tätigkeiten, Handlungen oder Vorgänge, bezeichnen (**Ereignisnominalisierung**). Sie zeichnen sich durch folgende Eigenschaften aus:

- Ereignisnominalisierungen können als Subjekt von Ereignisverben wie *dauern, stattfinden, sich ereignen, gelingen, wird unterbrochen, beginnen* u. Ä. fungieren, vgl. (10) – (11).
- Sie können alle semantischen Rollen der verbalen Basis erben, vgl. (11).
- Sie lassen verbtypische temporale Attribute wie *wiederholt, ständig* u. Ä. zu, vgl. (11b, c). Nominalisierte Infinitive lassen unflektierte Attribute zu, die in dieser Form sonst nur bei Verben vorkommen, vgl. (11a).
- Nominalisierungen, die Ereignisse mit Proto-Agens und Proto-Patiens bezeichnen, weisen dem postnominalen Genitivattribut i. d. R. nicht die Agensrolle zu, vgl. (12a-c). In (12d, e) weist das entsprechende Ereignis kein Proto-Patiens auf.

(10) a. Das Übersetzen dieses Meisterwerks durch einen Schüler gelang in nur 5 Monaten.
　　 b. Die Übersetzung dieses Meisterwerks durch einen Schüler dauerte nur 5 Monate.
　　 c. Der Verkauf der Ware durch die Schmuggler wurde von der Polizei unterbrochen.

(11) a. Fehlerfrei Übersetzen gelingt nicht jedem. Nicht jeder kann fehlerfrei übersetzen. *Eine fehlerfrei Übersetzung gelingt nicht jedem.
　　 b. Die wiederholte Eroberung Roms durch die Barbaren begann im 5. Jahrhundert.
　　 c. Die ständigen Schläge gegen die Tür ereigneten sich um Mitternacht.

(12) a. #Das Übersetzen dieses Schülers erfolgte in nur 5 Monaten.
　　 b. #Die Eroberung der Barbaren gelang in nur 3 Wochen.
　　 c. #Der Verkauf der Schmuggler wurde von der Polizei unterbrochen.
　　 d. Das Tanzen der Profis wurde von einem betrunkenen Zuschauer unterbrochen.

e. Der Sprung des Einbrechers über den Zaun muss sich vor Mitternacht ereignet haben.

Die Beispiele in (13) zeigen, dass bei zwei Genitivattributen das agentivische vorangehen muss. Dies entspricht dem in Kap. 4.4 besprochenen Grundabfolge-Prinzip. Es besagt, dass ein agentivicheres Argument einem weniger agentivischen semantischen Ko-Argument in der Grundabfolge vorangeht. Bei gleicher Kasuskodierung, wie in (13), ist diese Abfolge fest, vgl. auch *Max ließ den Opa den Beschwerdebrief schreiben*; **Max ließ den Beschwerdebrief den Opa schreiben*.

(13) a. Cäsars Eroberung Galliens begann im Frühjahr 57 v. Chr.
b. *Galliens Eroberung Cäsars begann im Frühjahr 57 v. Chr.

Entscheidend für die Beobachtungen in (10) – (13) ist die Ereignislesart der Nominalisierung. Viele der diskutierten Nominalisierungen sind mehrdeutig und können auch einen Zustand oder eine Entität (bzw. eine Menge von Entitäten) bezeichnen. Einige Nominalisierungen haben nur eine Zustands- oder Entitätslesart. Solche Nominalisierungen, vgl. Bsp. in (14) – (16), verhalten sich eher wie **Ultranominale** (vgl. Barker/Dowty 1993). Ultranominale wie *Haus*, *Buch* oder *Garten* haben weder morphologisch noch semantisch eine Affinität zu Verben. Aber auch zustands- und entitätsbezeichnende Nominalisierungen verhalten sich bezüglich einiger der hier besprochenen Eigenschaften konträr zu Ereignisnominalisierungen und werden hier den Ultranominalen zugeschlagen:

▪ Ultranominale können nicht als Subjekt von Ereignisverben wie *dauern*, *gelingen*, u. Ä. fungieren.

▪ Sie lassen keine verbtypischen temporalen Attribute wie *wiederholt*, *ständig* u. Ä. zu.

▪ Sie weisen dem postnominalen Genitivattribut bevorzugt die Proto-Agens-Rolle zu (Besitzer im weitesten Sinne, Experiencer, Agens u. Ä.), vgl. (14b) – (16b). Eine Proto-Patiens-Lesart des Attributs ist jedoch nicht ausgeschlossen, vgl. (16c).

Die folgenden Beispiele zeigen die Unterschiede zwischen Ereignisnominalisierungen in (14a) – (16a) und ultranominalen Nominalisierungen in (14b, c) – (16b, c):

(14) a. Das schnelle Lernen der Vokabeln gelingt nicht jedem. (Ereignis)
b. Das sichere Wissen des Schülers imponiert jedem. (Zustand)
c. *Das sichere Wissen der Vokabeln imponiert jedem. (Zustand)
(15) a. Die Bebauung des Gebietes durch den Stararchitekten begann im März. (Ereignis)
b. Der Bau des Stararchitekten erhielt einen Preis. (Entität)

c.　*Der Bau des Gebietes erhielt einen Preis. (Entität)
(16)　a.　Die Ordnung der Bücher durch Opa dauerte ewig. (Ereignis)
　　b.　Die Ordnung Opas (#durch Opa) war strikt einzuhalten. (Resultatszustand oder Entität)
　　c.　Die Ordnung der Bücher war strikt einzuhalten. (Resultatszustand oder Entität)

Die rollensemantische Interpretation der Genitivattribute ist bei Nomen relativ frei. Bei Ereignisnominalisierungen und Ultranominalen gibt es jedoch jeweils klare Präferenzen, wie oben erwähnt und in (12) – (16) illustriert. Genitivattribute mit Proto-Agens-Lesart werden in Grammatiken als *genitivus subiectivus,* bei einer Besitzer-Ausprägung des Proto-Agens als *genitivus possessivus* bezeichnet. Proto-Patiens-Lesarten nennt man *genitivus obiectivus.*

Auch die Genitivattribute von Ultranominalen, die nicht mit einem Verb in Zusammenhang gebracht werden können, wie etwa *Bild, Fenster* und *Mietshaus,* können rollensemantisch interpretiert werden. Dies liegt daran, dass wir auch die Bedeutung von Ultranominalen in Bezug darauf auffassen, welchem Zweck sie dienen, wer sie hervorbrachte, in welche Pertinenz- bzw. Teil-Ganzes-Relationen sie sich einordnen lassen oder welche konstitutiven Eigenschaften sie haben (vgl. Jensen/Vikner 2004). Diese relationalen Komponenten, die als **Qualia** aufgefasst werden, bestimmen maßgeblich die Bedeutung des entsprechenden Wortes, auch wenn das Wort selbst keine Argumentstruktur im grammatischen Sinne hat (Pustejovskys 1995). So haben *Opas Bild, das Fenster des Hauses* und *die Mietshäuser der Stadt Berlin* folgende usuelle Bedeutungen mit den Rollen- und Proto-Rollenangaben in Klammern:

(17)　a.　*Opas Bild*: ‚das Bild, das Opa herstellte' (Agens, Proto-Agens)
　　b.　*Opas Bild*: ‚das Bild, das Opa gehört' (Besitzer, Proto-Agens)
　　c.　*Opas Bild*: ‚das Bild, das Opa abbildet' (Proto-Patiens)
(18)　a.　*Das Fenster des Hauses*: ‚das Fenster ist Teil des Hauses' (Proto-Agens in Pertinenzrelation, d. h. das Ganze)
　　b.　*Die Mietshäuser der Stadt Berlin*: ‚die Mietshäuser, die der Stadt Berlin gehören' (Besitzer, Proto-Agens)

Das Genitivattribut in *das Fenster des Hauses* kann nicht als Agens oder Besitzer interpretiert werden, weil Häuser Fenster weder hervorbringen noch veräußern können. Als Institution kann allerdings die Stadt Berlin als Besitzer von Mietshäusern fungieren. Eine Lokativlesart des Genitivattributs (die Mietshäuser in der Stadt Berlin) ist allerdings auch möglich. Genitivattribute lassen auch nicht-usuelle, so genannte Ad-hoc-Lesarten zu, die nur in speziellen Situationen möglich sind. So könnte man mit *Opas Bild* auch ein Bild in einer Ausstellung meinen, das Opa besonders mag. In diesem

Fall würde man das Attribut als Experiencer deuten. Wir fassen zusammen: Genitivattribute werden usuell in der Regel gemäß der Qualiastruktur ihres Bezugsnomens interpretiert, wobei in speziellen Situationen auch andere Lesarten möglich sind.

Bei konstitutiven Relationen (Teil/Ganzes, Eigenschaft/Träger der Eigenschaft) gibt es eine bemerkenswerte Asymmetrie. In der Regel fungiert das Ganze als Genitivattribut und der Teil bzw. die Eigenschaft als Bezugsnomen: *das Fenster des Hauses, die Seiten eines Buches, Opas Kopf, der Arm eines Sportlers, das Alter der Oma, die Gesundheit der Kinder* (vgl. Barker/Dowty 1993). Wie die Beispiele zeigen, können solche Genitivattribute mit definitem wie indefinitem Artikel, im Singular wie im Plural verwendet werden. Im Gegensatz dazu sind Konstruktionen, in denen das Genitivattribut eine Eigenschaft bzw. eine Ausprägung des Ganzen bezeichnen, seltener und sehr stark eingeschränkt: *ein Mensch guten Willens; ein Mann reifen Alters, *ein Kind einer gesunden Hautfarbe, *eine Frau dunkler Haare* (Qualitätsgenitiv), *das Laster der Trinksucht, *die Farbe der Röte* (Definitionsgenitiv).

Aufgabe 20. Welche rollensemantischen Lesarten lassen sich den folgenden Genitivattributen jeweils zuordnen? Beachten Sie dabei die Ereignis- oder Entitäts- bzw. Zustandslesart des Bezugsnomens: *die Behauptung des Einbrechers, das Verhör des Studenten, der Ärger der Polizei, der Verdacht des Einbrechers, das Überführen des Komplizen.*

Aufgabe 21. In der Forschung wird angenommen, dass das Dativ- oder Genitivargument eines Verbs bei einer entsprechenden Nominalisierung nicht als Genitivattribut erscheinen kann: *Kindern helfen, die Hilfe an die Kinder, *die Hilfe der Kinder* (in der diskutierten Lesart). Welche usuellen Lesarten können folgende Genitivattribute haben? Welche Lesarten bestätigen die oben genannte Hypothese, welche stellen sie in Frage? Tipp: Suchen Sie im Internet nach Belegen, indem Sie z. B. in Google „die Hilfe der Kinder" eingeben (auf die Anführungsstriche achten): *das Applaudieren des Orchesters, das Widerstreben des Kindes, Peters Behagen, Marias Gehorchen, das Gedenken der Toten, das Gelingen des Kindes in der Schule.*

6.4 Zusammenfassung

In diesem Kapitel haben wir uns mit semantischen Rollen bei Präpositionen, Adjektiven und Nomen beschäftigt. Es zeigte sich, dass für diese nicht-verbalen Kategorien das für Verben entwickelte Rolleninventar herangezogen werden kann. Als Ausgangspunkt haben wir Präpositionen mit lokaler Bedeutung gewählt, die eine nähere

Spezifikation einer Ortswechselrolle (*der Weg in die Stadt*) oder einer Position (*der Weg in der Stadt*) liefern. Dem lokalistischen Ansatz von Ray Jackendoff zufolge kann man Präpositionen mit temporaler Bedeutung in Analogie zu solchen mit lokaler Bedeutung behandeln. Bei genauerer Betrachtung zeigte sich jedoch, dass jede Präposition eine Bedeutungsvielfalt aufweist, die einem lokalistischen Ansatz Probleme bereitet.

Die meisten Adjektive weisen semantische Rollen zu, die wir bei verbalen Prädikaten, die Eigenschaften und Zustände bezeichnen, kennengelernt haben (*Der Opa wird langsam alt, der Opa altert langsam; die Oma friert, der Oma ist kalt*). Auffällig sind Konstruktionsunterschiede wie *die Suppe ist kalt* und *der Oma wird kalt*, bei denen ein rollensemantisch nicht ausgeprägtes Argument im Nominativ und ein Experiencer im Dativ kodiert wird. Einige Adjektive wie etwa *nett, vorsichtig, höflich* und *hilfsbereit* können sich auf ein kontrollfähiges Agens beziehen (*Max bemüht sich, hilfsbereit zu seinen Großeltern zu sein*).

Nomenbezogene semantische Rollen haben wir insbesondere im Zusammenhang mit deverbalen Nominalisierungen behandelt. Hierbei geht es primär um die Frage, welche Argumente der verbalen Basis von der Nominalisierung übernommen werden (Argumentvererbung). Entscheidend ist dabei, ob die Nominalisierung ein Ereignis bezeichnet oder nicht. Nominalisierungen, die Ereignisse mit Proto-Agens und Proto-Patiens bezeichnen, weisen dem postnominalen Genitivattribut in der Regel nicht die Proto-Agensrolle zu (*Das Übersetzen dieses Meisterwerks erfolgte in nur 5 Monaten; #Das Übersetzen dieses Schülers erfolgte in nur 5 Monaten*). Bei Nominalisierungen, die einen Zustand oder eine Entität bezeichnen, wird eher die Proto-Agens-Lesart des Genitivattributs bevorzugt (*Der Bau des Stararchitekten, Opas Ärger*).

Auch die Genitivattribute von Ultranominalen, die nicht mit einem Verb in Zusammenhang gebracht werden können, wie etwa *Bild, Fenster* und *Haus*, können rollensemantisch interpretiert werden. Dies liegt daran, dass wir Wörter, auch Ultranominale, in Bezug darauf konzeptualisieren, welchem Zweck sie dienen, wer sie hervorbrachte, in welche Pertinenz- bzw. Teil-Ganzes-Relationen sie sich einordnen lassen oder welche konstitutiven Eigenschaften sie haben (Qualia). Bei konstitutiven Relationen (Teil/Ganzes, Eigenschaft/Träger der Eigenschaft) haben wir eine bemerkenswerte Asymmetrie festgestellt. In der Regel fungiert das Ganze als Genitivattribut und der Teil bzw. die Eigenschaft als Bezugsnomen: *die Seiten des Buches, die Farbe der Haare*. Selten und stark eingeschränkt ist das umgekehrte Muster: *das Laster der Unbescheiden-heit, eine Frau mittleren Alters.*

Grundbegriffe: lokale Präposition, Position, Ortswechselrolle, Adjektiv, Argumentvererbung, Ereignisnominalisierung, Ultranominal, Qualia, Genitivattribut

Weiterführende Literatur: Zu Kap. 6.1.: Bierwisch (1988), Jackendoff (1990), Zifonun et al. (1997: 2098f.). Zu Kap. 6.2: Lee (1994), Wegener (1985: 48f.). Zu Kap. 6.3: Sommerfeldt/Schreiber (1977), Teubert (1979), Bierwisch (1989), Barker/Dowty (1993), Ehrich/Rapp (2000), Jensen/Vikner (2004), Blume (2004), Rapp (2006), Welke (2011: 250f.).

Literatur

Ackerman, Farrell/Moore, John (2001): Proto-properties and grammatical encoding: A correspondence theory of argument selection. Stanford: CSLI Publications.

Adger, David (2003): Core syntax. A minimalist approach. Oxford: Oxford University Press.

Anderson, John M. (1977): On case grammar. Atlantic Highlands, N.J.: Humanities Press.

Bader, Markus/Häussler, Jana (2010): Word order in German: A corpus study. In: Lingua 120 (3), 717-762.

Barker, Chris/Dowty, David (1993): Non-verbal thematic proto-roles. In: Proceedings of the North East Linguistic Society 23, 49-62.

Beckmann, Frank (1994): Adjunkt oder Argument? Probleme der Abgrenzung, Lizensierung und Interpretation am Beispiel von Instrumentalphrasen. Schwarz, Monika. (Hg.): Kognitive Semantik. Ergebnisse, Probleme, Perspektiven. Tübingen: Narr, 119-129.

Bierwisch, Manfred (1988): On the grammar of local prepositions. In: Bierwisch, Manfred/Motsch, Wolfgang/Zimmermann, Ilse (Hgg.): Syntax, Semantik und Lexikon. Berlin: Akademie-Verlag, 1-66.

Bierwisch, Manfred (1989): Event nominalizations: Proposals and problems. In: Linguistische Studien 124, ZISW der Akademie der Wissenschaften Berlin, 1-73.

Blume, Kerstin (2000): Markierte Valenzen im Sprachvergleich: Lizenzierungs- und Linkingbedingungen. Tübingen: Niemeyer.

Blume, Kerstin (2004): Nominalisierte Infinitive. Eine empirisch basierte Studie zum Deutschen. Tübingen: Niemeyer.

Brandt, Patrick (2003): Cipient predication. Unifying double object, dative experiencers and existential/presentational constructions. Utrecht: LOT.

Brinkmann, Ursula (1997): The locative alternation in German. Its structure and acquisition. Amsterdam: John Benjamins.

Businger, Martin (2011): *Haben* als Vollverb. Eine dekompositionale Analyse. Tübingen: Niemeyer.

Chomsky, Noam (1981): Lectures on government and binding. Dordrecht: Foris.

Croft, William (1993): Case marking and the semantics of mental verbs. In: Pustejovsky, James (ed.): Semantics and the lexicon. Dordrecht: Kluwer, 55-72.

Cruse, Donald A. (1973): Some thoughts on agentivity. In: Journal of Linguistics 9, 11-23.

Dik, Simon C. (1978): Functional grammar. Amsterdam: North-Holland.

Dixon, Robert M. (1994) : Ergativity. Cambridge: Cambridge University Press.

Dowty, David (1991): Thematic proto-roles and argument selection. In: Language 67, 547-619.

Dowty, David (2000): *The garden swarms with bees* and the fallacy of argument alternation. In: Ravin, Yael/Leacock, Claudia (eds.): Polysemy: Theoretical and computational approaches. Oxford: Oxford University Press, 111-128.

Duden (^{8}2009): Die Grammatik. Mannheim: Dudenverlag.

Ehrich, Veronika/Rapp, Irene (2000): Sortale Bedeutung und Argumentstruktur: *-ung*-Nominalisierungen im Deutschen. In: Zeitschrift für Sprachwissenschaft 19, 245-303.

Eisenberg, Peter (^{3}2006): Grundriß der deutschen Grammatik. Bd. 2: Der Satz. Stuttgart: Metzler.

Engelberg, Stefan (2000): Verben, Ereignisse und das Lexikon. Tübingen: Niemeyer.

Engelberg, Stefan (2005): Stativity, supervenience, and sentential subjects. In: Maienborn, Claudia/Wöllstein, Angelika (eds.): Event arguments. Foundations and applications. Tübingen: Niemeyer, 45-68.

Fillmore, Charles J. (1968): The case for case. In: Bach, Emmon/Harms, Robert (eds.): Universals in linguistic theory. New York: Holt, Rinehart & Winston, 1-90. Dt. Plädoyer für Kasus. In: Abraham, Werner (Hg.). 1971. Kasustheorie. Frankfurt a. M.: Athenäum, 1-118.

Fillmore, Charles J. (1977): The case for case reopened. In: Cole, Peter/Sadock, Jerrold (eds.): Grammatical relations. New York: Academic Press, 59-82.

Gross, James J. (ed.) (2007): The handbook of emotion regulation. New York: Guilford Press.

Gruber, Jeffrey S. (1976): Lexical structures in syntax and semantics I: Studies in lexical relations. Amsterdam: North Holland.

Gruber, Jeffrey S. (2001): Thematic relations in syntax. In: Baltin, Mark/Collins, Chris (eds.): The handbook of contemporary syntactic theory. Oxford: Blackwell, 257-298.

Härtl, Holden (2001): CAUSE und CHANGE. Thematische Relationen und Ereignisstrukturen in Konzeptualisierung und Grammatikalisierung. Berlin: Akademie Verlag.

Haspelmath, Martin (2005): Ditransitive constructions: The verb ‚give'. In: Haspelmath, Martin/Dryer, Matthew/Gil, David/Comrie, Bernard (eds.): The world atlas of language structures. Oxford: Oxford University Press, 426-429.

Hölzner, Matthias (2007): Substantivvalenz. Korpusunterstützte Untersuchungen zu Argumentrealisierungen deutscher Substantive. Tübingen: Niemeyer.

Hole, Daniel (i.E.): Dativ, Bindung und Diathese. Berlin: Akademie-Verlag.

Ickler, Irene (1990): Kasusrahmen und Perspektive. Zur Kodierung semantischer Rollen. In: Deutsche Sprache 18, 1-37.

Jackendoff, Ray (1990): Semantic structures. Cambridge, Mass.: MIT Press.

Jackendoff, Ray (1993): The combinatorial structure of thought: The family of causative concepts. In: Reuland, Eric/Abraham, Werner (eds.): Knowledge and language. 2nd vol. Dordrecht: Kluwer, 31-49.

Jacobs, Joachim (1994): Kontra Valenz. Trier: Wissenschaftlicher Verlag.

Jensen, Per Anker/Vikner, Carl (2004): The English pre-nominal genitive and lexical semantics. In: Kim, Ji-yung/Lander, Yury A./Partee, Barbara H. (eds.): Possessives and beyond: semantics and syntax. Amherst, Mass.: Graduate Linguistic Student Association, 3-27.

Kittilä, Seppo (2005): A typology of involuntary agent constructions. In: Word 56(3), 381–419.

Krifka, Manfred (1989): Nominalreferenz und Zeitkonstitution: Zur Semantik von Massentermen, Pluraltermen und Aktionsarten. München: Wilhelm Fink.

Krifka, Manfred (2004): Semantic and pragmatic conditions for the dative alternation. In: Korean Journal of English Language and Linguistics 4, 1-32.

Kubczak, Jaqueline (2009): E-VALBU - Das elektronische Valenzwörterbuch deutscher Verben. http://hypermedia2.ids-mannheim.de/evalbu/index.html Letzter Abruf am 26.10.2011.

Kunze, Jürgen (1991): Kasusrelationen und semantische Emphase. Berlin: Akademie Verlag.

Kunze, Jürgen (1992): Einige Betrachtungen zum Komitativ und zu verwandten Konstruktionen. In: Zimmermann, Ilse/Strigin, Anatoli (Hgg.): Fügungspotenzen. Berlin: Akademie-Verlag, 111-131.

Kutscher, Silvia (2009): Kausalität und Argumentrealisierung: Zur Konstruktionsvarianz bei Psychverben am Beispiel europäischer Sprachen. Tübingen: Niemeyer.

Lakoff, George (1977): Linguistic gestalts. In: Papers from the 13th Regional Meeting of the Chicago Linguistic Society, 236-287.

Lämmel, Uwe/Cleve, Jürgen (^{3}2008): Künstliche Intelligenz. München: Carl Hanser Verlag.

Lee, Sun-Muk (1994): Untersuchungen zur Valenz des Adjektivs in der deutschen Gegenwartssprache. Die morphosyntaktische und logisch-semantische Bestimmung der Ergänzungen zum Adjektiv. Franfurt a. M.: Peter Lang.

Lestrade, Sander (2010): The Space of case. Nijmegen: Ipskamp drukkers.

Leirbukt, Oddleif (1997): Untersuchungen zum „bekommen"-Passiv im heutigen Deutsch. Tübingen: Niemeyer.

Levin, Beth (1993): English verb classes and alternations. Chicago: University of Chicago Press.

Levin, Beth/Rappaport Hovav, Malka (2005): Argument realization. Cambridge: Cambridge University Press.

Libet, Benjamin (2004): Haben wir einen freien Willen? In: Geyer, Christian (Hg.): Hirnforschung und Willensfreiheit. Zur Deutung der neuesten Experimente. Frankfurt a. M.: Suhrkamp, 268-289.

Löbner, Sebastian (2003): Semantik. Eine Einführung. Berlin: de Gruyter.

Lyngfelt, Benjamin/Solstad, Torgrim (2006): Perspectives on demotion. In: Lyngfelt, Benjamin/Solstad, Torgrim (eds.): Demoting the agent: Passive, middle and other voice phenomena. Amsterdam: John Benjamins, 1-20.

Maienborn, Claudia (1991): Bewegungs- und Positionsverben: Zur Fakultativität des lokalen Arguments. In: Klein, Eberhard/Pouradier-Duteil, Françoise/Wagner, Karl Heinz (Hgg.): Betriebslinguistik und Linguistikbetrieb. Akten des 24. Linguistischen Kolloquiums. Bd. 2. Tübingen: Niemeyer, 95-106.

Maienborn, Claudia (1996): Situation und Lokation. Die Bedeutung lokaler Adjunkte von Verbalprojektionen. Tübingen: Stauffenburg.

Meibauer, Jörg (^{2}2001): Pragmatik. Eine Einführung. Tübingen: Stauffenburg.

Michaelis, Laura/Rappenhofer, Josef (2001): Beyond alternation: A constructional model of the German applicative pattern. Standford: CSLI Publications.

Morsella, Ezequiel (2008): The mechanisms of human action: Introduction and background. In: Morsella, Ezequiel/Bargh, John A./Gollwitzer, Peter M. (eds.): The Oxford handbook of human action. 2nd vol. Oxford: Oxford University Press, 1-34.

Musan, Renate (^{2}2010a): Satzgliedanalyse. Heidelberg: Winter.

Musan, Renate (2010b): Informationsstruktur. Heidelberg: Winter.

Nicolay, Nathalie (2007): Aktionsarten im Deutschen. Prozessualität und Stativität. Tübingen: Niemeyer.

Olsen, Susan (1994): Lokativalternation im Deutschen und Englischen. In: Zeitschrift für Sprachwissenschaft 13, 201-235.

Primus, Beatrice (1998): The relative order of recipient and patient in the languages of Europe. In: Siewierska, Anna (ed.): Constituent order in the languages of Europe. Berlin: de Gruyter, 421-473.

Primus, Beatrice (1999): Cases and thematic roles – Ergative, accusative and active. Tübingen: Niemeyer.

Primus, Beatrice (2004): Protorollen und Verbtyp: Kasusvariaton bei psychischen Verben. In: Kailuweit, Rolf/Hummel, Martin (Hgg.): Semantische Rollen. Tübingen: Narr, 377-401.

Primus, Beatrice (2011): Animacy and telicity: Semantic constraints on impersonal passives. In: Lingua Special Issue 121/1: Semantic aspects of case variation, 80-99.

Pustejovsky, James (1995): The generative lexicon. Cambridge, Mass: MIT Press.

Rapp, Irene (2006): Was den Besuch zum Ereignis macht – Eine outputorientierte Analyse für die Verb-Nomen-Konversion im Deutschen. In: Linguistische Berichte 208, 407-438.

Rauh, Gisa (1988): Tiefenkasus, thematische Relationen und Theta-Rollen: Die Entwicklung einer Theorie von semantischen Relationen. Tübingen: Narr.

Reis, Marga (1985): Mona Lisa kriegt zuviel – Vom sogenannten ‚Rezipientenpassiv‘ im Deutschen. In: Linguistische Berichte 96, 140-155.

Rudolph, Udo/Försterling, Friedrich (1997): The psychological causality implicit in verbs: A review. In: Psychological Bulletin 124, 192-218.

Schlesinger, Izchak M. (1989): Instruments as agents: On the nature of semantic relations. In: Journal of Linguistics 25, 189-210.

Schlesinger, Izchak M. (1992): The experiencer as an agent. In: Journal of Memory and Language 31, 315-332.

Seiler, Hansjakob (1974): The principle of concomitance: Instrumental, comitative and collective (with special reference to German). In: Seiler, Hansjakob (ed.): Linguistic Workshop II. München: Fink, 2-55.

Schumacher, Helmut/Kubczak, Jacqueline/Schmidt, Renate/De Ruiter, Vera (2004): VALBU – Valenzwörterbuch deutscher Verben. Tübingen: Narr.

Shibatani, Masayoshi (1996): Applicatives and benefactives: A cognitive account. In: Shibatani, Masayoshi/Thomson, Sandra A. (eds.): Grammatical constructions. Their form and meaning. Oxford: Clarendon Press, 167-194.

Shin, Yong-Min (2004): Possession und Partizipantenrelation. Eine funktional-typologische Studie zur Possession und ihren semantischen Rollen am Beispiel des Deutschen und Koreanischen. Bochum: Brockmeyer.

Sommerfeldt, Karl-Ernst/Schreiber, Herbert (1977): Wörterbuch zur Valenz und Distribution der Substantive. Leipzig: Bibliographisches Institut.

Sperber, Dan/Premack, David/Premack, Ann James (eds.) (1995): Causal cognition. A multidisciplinary debate. Oxford: Clarendon.

Stolz, Thomas/Stroh, Cornelia/Urdze, Aina (2006): Comitatives and related categories. A typoloyical study with special focus on the languages of Europe. Berlin: de Gruyter.

Teubert, Wolfgang (1979): Valenz des Substantivs. Ergänzungen und Angaben. Düsseldorf: Schwann.

Talmy, Leonard (2001): Toward a cognitive semantics. Cambridge, Mass: MIT Press.

Tomasello, Michael/Carpenter, Malinda/Call, Josep/Behne, Tanya/Moll, Henrike (2005): Understanding and sharing intentions: The origins of cultural cognition. In: Behavioral and Brain Sciences 28, 675-691.

Van Valin, Robert D./LaPolla, Randy (1997): Syntax. Structure, meaning and function. Cambridge: Cambridge University Press.

Vendler, Zeno (1957): Verbs and times. In: The Philosophical Review 66, 143-160.

Vogel, Petra M. (2005): Das unpersönliche Passiv. Eine funktionale Unterscheidung unter besonderer Berücksichtigung des Deutschen und seiner historischen Entwicklung. Berlin: de Gruyter.

Wegener, Heide (1985): Der Dativ im heutigen Deutsch. Tübingen: Narr.

Wegener, Heide (1999): Zum Bedeutungs- und Konstruktionswandel bei psychischen Verben. In: Wegener, Heide (Hg.): Deutsch kontrastiv. Tübingen: Stauffenburg, 171-210.

Welke, Klaus (²2005): Deutsche Syntax funktional. Perspektiviertheit syntaktischer Strukturen. Tübingen: Stauffenburg.

Welke, Klaus (2011): Valenzgrammatik des Deutschen: Eine Einführung. Berlin: de Gruyter.

Willems, Klaas/Coene, Ann (2003): Argumentstruktur, verbale Polysemie und Koerzion. In: Cornell, Alan/Fischer, Klaus/Roe, Ian F. (eds.): Valency in Practice. Oxford et al.: Peter Lang, 37-63.

Wunderlich, Dieter (1997): Cause and the structure of verbs. In: Linguistic Inquiry 28, 27-68.

Wunderlich, Dieter (2002): Argumentlinking als strukturelle Generalisierung. In: Bommes, Michael/Noack, Christina/Tophinke, Doris (Hgg.): Sprache als Form. Festschrift für Utz Maas. Zum 60. Geburtstag. Wiesbaden: Westdeutscher Verlag, 11-21.

Zifonun, Gisela/Hoffmann, Ludger/Strecker, Bruno (1997): Grammatik der deutschen Sprache. 3 Bde. Berlin: de Gruyter.

Zifonun, Gisela (2003): Grundlagen der Valenz. In: Ágel, Vilmos et al. (Hgg.): Dependenz und Valenz. Ein internationales Handbuch zeitgenössischer Forschung. Berlin: de Gruyter, 352-377.

Glossar

Aktionsart: der temporale, z. B. statische oder dynamische, telische oder atelische, Verlauf der Situation, die ein sprachlicher Ausdruck bezeichnet, auch Ereignisstruktur genannt.

atelisch: Aktionsart, bei der das vom Prädikat bezeichnete Geschehen keinen inhärenten Endpunkt hat.

Expletivum (Plural: Expletiva): ein pronominales Satzglied, das semantisch auf nichts verweist und dem daher kein Partizipant entspricht, auch formales Subjekt oder Objekt genannt.

Figur-Grund: die perspektivierungsbezogene Unterscheidung von Wahrnehmungsvordergrund (Figur) und Wahrnehmungshintergrund (Grund).

Koerzion: Uminterpretation eines sprachlichen Ausdrucks, im Zuge derer die semantische Kategorie des Ausdrucks verändert wird.

konvers: Zwei Relationen P und Q sind konvers zueinander genau dann, wenn für mindestens zwei Argumentstellen x, y gilt: P(x, y) und Q(y, x) sind semantisch äquivalent.

Lambda-Operator: Operator in der formalen Semantik, der die Leerstellen eines Prädikats kennzeichnet.

Qualia (Singular: Quale): im Sinne James Pustejovskys funktionale Bedeutungskomponenten, welche zusätzliche Information vor allem über Ursprung, Konstituenz und Zweck der jeweils bezeichneten Entität angeben.

Rollendispersion: zwei syntaktische Argumente haben dieselbe semantische Rolle.

Rollenkumulation: ein syntaktisches Argument trägt zwei semantische Rollen.

symmetrisch: Eine zweistellige Relation R(x, y) ist symmetrisch genau dann, wenn R(x, y) und R(y, x) semantisch äquivalent sind.

telisch: Aktionsart, bei der das vom Prädikat bezeichnete Geschehen einen inhärenten Endpunkt hat.

Topik-Kommentar: Das Topik einer Äußerung ist das, worüber der Sprecher gerade spricht. Der Gegenbegriff des Kommentars bezieht sich auf das, was über das Topik ausgesagt wird.

Ultranominal: ein Nomen, das weder semantisch noch syntaktisch verbalen Charakter hat.

Vagheit: wenn eine semantische Komponente nicht ausgeprägt ist und nur durch den Verwendungszusammenhang erschlossen werden kann.

Zustand: Aktionsart, bei der die vom Prädikat bezeichnete Situation keine Veränderung beinhaltet, d. h. statisch ist.

Sachregister